슬도에 들다

조미순 수필집

슬도에 들다

연암서가

지은이 **조미순**

동아대학교 대학원 문예창작학과를 졸업하고, 2000년 『에세이문학』 추천으로 등단하였다. 2009년 『울산문학』 올해의 작품상, 2020년 울산문학상을 수상하였다. 울산문인협회·울산수필문학회·에세이부산 회원, 『수필미학』 편집위원으로 활동하고 있다. 수필집 『구부러진 못』(연암서가, 2018)을 냈다.
이메일: heeryeong15@naver.com

슬도에 들다

2025년 10월 20일 초판 1쇄 인쇄
2025년 10월 25일 초판 1쇄 발행

지은이 | 조미순
펴낸이 | 권오상
펴낸곳 | 연암서가

등록 | 2007년 10월 8일(제396-2007-00107호)
주소 | 경기도 고양시 일산서구 호수로 896, 402-1101
전화 | 031-907-3010
팩스 | 031-912-3012
이메일 | yeonamseoga@naver.com

ISBN 979-11-6087-149-0 03810
값 16,000원

이 책은 울산광역시, 울산문화관광재단 '2025년 예술창작활동 지원사업'의 지원을 받아 발간되었습니다.

· 작가의 말 ·

『슬도에 들다』, 두 번째 수필집을 발간합니다.
7년 만입니다.

거실에서 현관 쪽으로 돌아앉은 내 방은
에어컨 바람이 잘 닿지 않습니다.
올여름, 선풍기가 헐떡거리는 방에서 원고와 씨름을 했습니다.
목덜미로 땀이 흘러내리고, 깔고 앉은 방석이 젖어도
더위보다 창작의 여정에 더 숨이 막혔습니다.

몇 해 전에 쓴 글, 그리고 성에 차지 않는 여러 편을 빼버리니
글 창고가 헐렁해진 탓이었지요.

시간이 조마조마 흘러갔습니다.

"할 수 있어." 곁에서 응원해 주는 이들이 있어
마침표를 찍을 수 있었습니다.

어렵사리 엮은 책을 세상에 내놓습니다.
독자에게 어떻게 다가갈지 마음이 쓰입니다.

다시 정진합니다.
작가로서 미완의 나, 열심히 공백을 채워 나가겠습니다.

2025년 9월 —— 조미순

· 차례 ·

작가의 말 ——— 5

1. 표고목의 시간 11

망창 ——————— 13

아버지 가방 ————— 17

표고목의 시간 ——— 22

소라게의 꿈 ———— 27

슬도에 들다 ———— 33

고화 ————————— 37

마법의 순간 ———— 43

목공새 ——————— 48

두꺼비의 선택 ——— 53

어부바 ——————— 58

2. 천전리 엽서 63

숫눈 ———————— 65
천전리 엽서 ———————— 70
숨은 도둑 ———————— 75
그의 배역 ———————— 80
몸난감 ———————— 85
바람 ———————— 91
압화 ———————— 96
귀가 ————————101
다섯 평 ————————106
갓털의 여행————————112

3. 더블 캐스팅 117

겨울눈 ——— 119
답신 ——— 124
더블 캐스팅 ——— 129
경계에서 ——— 134
개목사 가는 길 ——— 139
답 ——— 144
나의 명의 ——— 149
춤 ——— 153
수락 ——— 158

4. 가을 편지 163

극이 끝나갈 때 ——— 165
채무를 기억하는 시간 — 169
방점 ——— 174
삼백재 ——— 180
외출 ——— 185
할미별 ——— 189
뒷배 ——— 194
마루 ——— 199
가을 편지 ——— 204

해설 ——— 209
끝없는 질문과
자기 성찰의 시간 —— 배혜숙

1. 표고목의 시간

망창

마당이 살짝 엿보이는 집 나무대문을 민다. 삐~이~꺽, 기지개를 켜며 한옥이 품을 내준다. 조선 말기 정3품 통정대부까지 지낸 김일준이 지었다는 청도 임당리 운림고택과의 첫 대면이다. 내시인 집주인이 사내 노릇 못하는 초조함과 무력감을 집의 구조에 반영시켰다더니, 담장 안에 나이테처럼 또 하나의 담을 두른 안채가 정면에 보인다.

일반 사대부가土大夫家 사랑채 앉히는 자리에 안채가 있어 낯설다. 대문 안 왼편에 사랑채를, 맞은편에 중사랑채를 두어 방문객을 감시할 수 있게 배치한 주인 속내가 얼추 읽힌다. 안채와 통하는 출입구인 중문이 중사랑채와 붙어 있다는 사실도 치밀한 계산 결과 같다. 이 문 입구에 망창望窓이 있다는 사실까지도.

중사랑채 앞 판벽에 주먹만 한 구멍 세 개가 나란하다. 좌측 것은 마당을, 가운데에는 사랑채가 담긴다. 대문간을 보여주는 건 우측 구멍이다. 판벽은 ㄴ자 형태의 쪽남과 붙어있어 몸을 가려주기 넉넉하다. 자신의 운명이 원망스러웠을 사내의 차가운 눈빛이 시시때때 건너다닌 망창이 하트 모양인 게 역설적이다.

망창 너머를 훑던 시선을 거두려는 찰나 고택으로 들어서는 이가 있다. 자신을 지켜보는 눈이 있다는 걸 알 리 없는 나그네의 몸짓은 자유분방하다. 사랑채를 한 바퀴 돌아 나오며 사진 몇 컷 찍는다. 그리고는 동선이 안채로 이어진다. 나는 흠칫 놀라 판벽에서 물러난다. 망창이 돋보기라도 되는 양 세심히 들여다보고 살폈을 주인 남자의 심경을 알 듯 또한 모르겠다. 친정 부모 사망 때나 바깥출입이 허용되는, 극히 폐쇄적 생활을 하는 아내의 삶이 아니던가. 나는 봄볕이 보자기만큼 펼쳐진 중사랑채 마루에 걸터앉는다. '보다'라는 단어가 의식의 밑바닥에서 허리를 편다.

망창을 본다. 한 남자가 가정을 지키기 위해 '눈'으로 사용한, 너무 앙증맞은 하트창에 매혹된다. 그러다, '보다'라는 어휘를 잡고 내가 타인의 삶을 곡해하는 건 아닌지 조심스러워진다. 고택 주인이 안채 관찰에 유용하도록 건물 구조를 놓은 까닭이 다른 데에 있다면? 아내를 두고 뜬눈으로 지새우게 되는 의심이란 괴물을 쫓아버리려는 나름의 진실을 찾는 과정이었다면? 타인들의 눈엔 사내 행위가 감시로밖에 보이지 않을 환경이었던 만큼 오해가 오해를 낳았을 법도 하다.

김씨고택은 19세기 건축물이다. 하트 문양이 조선에서 널리 알려지지 않았을 때임에도 판벽 장식으로 가져온 안목이 놀랍다. 심장 모양을 한 문양을 찬찬히 보고 있자니 잡힐 듯 잡히지 않던 이미지 하나가 내 안에서 일어선다.

미선尾扇이란 이름이 붙은 나무 열매는 둥근 부채 모양이다. 오백 원짜리 동전만 한 열매에 붉은 물이 들면 그 모습이 어여뻐 절로 걸음이 멈춰진다. 산기슭 산책로에 있던 미선나무를 고택 사내도 눈여겨봐 뒀을 것 같다. 그러다 슬쩍 눈맞춤했던 열매 형상을 안채 입구 판벽에 선물처럼 새기기로 했을 것이다. 이 사랑스러운 문양은 사내의 쑥스러운 고백일지 모른다. 입 밖으로 낼 수 없었던 다정한 마음이 사랑으로 둥둥 뜬 자리, 쿵쿵쿵 설레는 사내의 심장 소리가 환청인 듯 귀에 울린다.

미지근한 체온을 흔적으로 남기고 마루에서 일어난다. 대문간으로 향한다. 망창을 곁눈질하며 '보다'라는 화두를 잡고 한바탕 놀다 가는 마음이 가볍다. 망창이 하트처럼 생겼다는 이유만으로 사랑방 사내의 수줍은 고백이라 간주하니 사랑채와 안채 건물의 구조까지도 따사롭게 다가온다.

편견을 가지면 실체에 다다르기 어렵다. 허상이 내면에 집을 짓지 않도록, 의심이란 허깨비가 놀아날 틈을 주지 말아야 한다. 차분하게 대상을 직시하면 기울어진 양팔저울처럼 되지는 않을 것이다. 어떤 일에 판단이 잘 서지 않을 때 나는 가슴이 따뜻해지는 결정을 따른다. 그러면 후회가 가벼웠던 기억이 있다.

나는 고택 나들이 추억을 해피엔딩으로 쓴다.

'그래서 청도임당리김씨고택 부부는 서로의 아픔을 보듬으며 오순도순 잘 살았어.'

이렇게 말이다.

아버지 가방

 그래, 가슴속에 꾹꾹 눌러왔던 이야기를 꺼내보려 한다.

 어제는 내 기일이었지. 한 상 차려준 음식 맛나게 먹었다. 울산 바닷가 덕장에서 산 건가자미 맛 일품이더라. 네가 친정 나들이 때마다 까탈스러운 아비의 입맛에 맞춰 주곤 했지. 이런! 또 군침이 도는걸.

 친정에서 아침을 맞은 게 삼 년 만이지? 어미가 혈액암 치료 중일 때 신종감염병이 지구촌에 휘몰아쳤잖니. 기저질환 있는 네 엄마는 코로나 백신을 맞을 수 없었어. 사람들과 접촉을 피하는 게 최선의 안전법이었다. 너는 장거리 운전을 해 와 어미 얼굴만 잠시 보고 갔어. 그것도 문밖에서. 대문간을 넘어설 날을 초조하게 기다렸지.

 순아, 너는 아침부터 팔을 걷어붙였어. 구순의 어미가

깃들어 사는, 낡아서 문틀이 내려앉는 집에서 말이야. 해 뜨면 버섯재배장에 나갔다가 해거름에 귀가해 밥 한술 때우면 지쳐 잠이 드는 일상이 고인 곳. 그런 하루하루를 보내느라 집 정리는 사치였음을 너도 알고 있었지.

구석구석 거미줄을 걷고, 바닥에 나뒹구는 물건을 정리하고, 계절이 뒤섞인 옷 무더기에서 사계를 분류해 서랍장에 넣더구나. 집안 대청소를 하다가 너는 까만 서류 가방을 발견했어. 장롱 구석에서 희뿌연 먼지옷 입은 그것을.

"가방이 와 거기 있노. 너 아바이가 아끼던 거라 태워준 줄 알았데이."

네 엄마는 가방에 뭐가 들었는지 아마 모를 거야. 중요 서류 넣어뒀다고 손대지 말라 일렀거든. 그런 상황이 네 호기심을 자극했구나. 마치 내 속내를 엿볼 기회라도 되나 싶어 가방을 열어본 게지.

가계부와 일지, 버섯거래 서류, 공과금 용지들. 너희가 선물해 준 시계며 접부채 같은 것들. 혹시 잃어버릴까 봐 옷핀에 끼워 보관한 반지며 넥타이핀까지. 가방을 살피던 네 표정에 당황한 빛이 역력하더라.

"이런 면이 있는 줄 몰랐어."

너는 혼잣말을 했지. 꼼꼼하게 분류해 철한 서류와 일지 내용을 훑어보면서. 오래 사용했음에도 깔끔한 소품들도 신기한 듯 만졌지. 생각해 보니 내가 살아오면서 너희에게 보여준 모습이 미움으로 점철될 수밖에 없었다.

세탁소를 차려놓고 젊은 나는 집 밖으로 나돌았다. 자식들 뒷바라지만도 버거운 아내에게 손님 옷 다림질이며 세탁물 빨래까지 맡겼지. 네 엄마는 힘들어했어. 나는 엇나갔다. 술에 취하면 손찌검도 했다. 버섯농장 할 때는 나름 열심히 살았던 것 같은데…. 너희들 마음에 원망의 골이 깊더구나.

가자미 얘기 잠깐 들어주겠니? 가자미 치어는 부화 당시에 머리 양측에 눈이 한 개씩 있어. 그때는 다른 물고기처럼 표층 가까이 헤엄치며 살아. 그러다 왼쪽 눈이 머리 배면을 돌아 오른쪽으로 접근하면 눈이 한쪽으로 몰리게 된단다. 치어는 몸의 오른쪽을 위로 향한 채 바닥에 붙어 살지. 몰린 눈으로 사물을 보고 세상을 보면서.

사실 나도 가자미눈으로 세상을 봤다. 내 아버지, 할아버지께 배운 대로 행동한 거야. 남자는 하늘이고 여자는 땅이라더라. 그러니 아내를 귀히 여기고 챙겨야 할 이유를 몰랐지. 자식은 소유물이었고 특히 딸자식은 잘 키워봤자 남의 문중 사람 된다며 관심 밖이었다. 내가 너에게 중학교만 나와도 된다고 말한 건 그 때문이야. 그런데 니는 인문계 고교로 진학해 대학까지 가겠다고 버티더라. 네 황소고집이 이겼어. 못 배운 한을 품고 살던 어미가 밤샘 짜깁기로 번 돈이 학비로 쓰였으니. 그걸 방관한 것은 내 나름의 배려였다.

내 나이 여든 중반이 되자 몸에 병이 깃들었다. 늘 건강했기에 쉬 회복되려니 낙관했다. 내가 병원을 찾던 날, 바로 대구의 대학병원으로 이송될 때 간담이 서늘하더라. 급성 백혈병이 나를 벼랑으로 내몰았어. 네 오라비와 너, 그리고 막내가 장거리 병간호를 했지. 나날이 눈도 못 붙이고 지켜봐야 할 만큼 증상은 심해졌다. 너희들 고생 말이 아니었다. 주위의 환자들이 내게 그러더라. "얼마나 좋은 아비였으면 자식들이 저리 잘할까."라고. 그때부터였을 거야. 내가 지나온 삶을 돌아보기 시작한 것이. 대학병원에 더는 있을 수 없었어. 의사가 나를 포기했으니까. 하지만 구급차에 실려 시골 병원으로 돌아오면서도 나는 삶을 움켜잡고 싶었다. 집에 가면 병이 나을 것 같다고 고집부리기도 했지. 물론, 언제 쇼크 상태에 빠질지 몰라 허락되지 않는 바람이었다. 마침내 미뤄둔 숙제를 할 때라는 걸 예감했어.

"평생 못난 남편으로 살았네. 참 미안타."

손마디가 휘고 수세미처럼 거친 손이 힘없이 늘어진 내 손을 감싸 쥐더라. 얼마 만인지 기억나지 않는 까마득한 체온의 나눔이었어. 눈물이 볼을 타고 줄기줄기 흘러내렸지. 긴장이 풀려서였을까. 평생 처음으로 아내에게 용서를 구한 날 내 심장이 멈춰버렸다.

네 어미의 배웅을 받으며 떠난 길, 고맙더라. 두 달 병상에 있을 때 자식들에게 받은 따뜻함도 챙겨갈 수 있어서 더더욱.

딸아, 그 가방 이제 돌려주렴. 살면서 나랑 엮인 아픔은 활활 불태워 버리고 좋은 기억만 간직하자.

자, 이제 우리 화해하는 거다!

표고목의 시간

―――――――

 까만 새벽이다. 선잠 깬 노모가 부지깽이로 아궁이를 쑤석댄다. 마른 솔잎과 솔가지를 가져다 놓고 밑불을 붙이자 화르르 타오른다. 그 위에 장작을 얹는다. 냇내가 퍼진다. 타닥타닥 불꽃이 일며 가마솥을 핥기 시작한다.

 끙, 아픈 허리를 편 어머니가 작은방 띠살문을 연다. 아랫목을 짚어본다. 미지근하다. "어무이, 추운데 불 때지 마고 더 자소." 이불을 머리끝까지 뒤집어쓴 아들이 웅얼댄다. 불 앞에 다시 쪼그려 앉은 노모가 부넘기 가까이로 삭은 표고목을 밀어 넣는다. 구들장을 빨리 데우고 싶은 몸짓이다.

 해마다 2월엔 나무를 벤다. 농장에서 묵은 표고목을 빼내는 만큼 새 나무를 들여야 한다. 일정량의 원목을 보유

해야 꾸준히 버섯을 딸 수 있다. 군 산림과에서 벌목 허가를 내주면 버섯쟁이 손길이 바빠진다. 1.2미터 길이로 자른 참나무에 드릴로 수십 개의 구멍을 뚫는다. 새끼손가락 두 마디만 한 종균을 구멍 하나하나에 넣는다. 이 순간부터 참나무는 버섯 균사를 품은 표고목이 된다.

아흔 가까운 연세의 어머니에겐 '아픈 손가락'이 있다. 당신과 함께 나이 들어가는 둘째 아들이다. 이 자식을 볼 때면 삼십여 년 저편에서 내린 오판誤判에 목이 멘다.

군복무를 마치고 돌아온 아들이 대학을 자퇴했다. 도시로 나가 홀로서기 하겠다는 결심이었다. 심신이 약해빠진 피붙이를 어머니는 곁에 두고자 했다. 공무원 준비를 하든, 일자리를 찾든 집에서 하라 설득했다. 결심이 흔들리던 찰나, 웨딩 이벤트 사업을 하는 고교 선배가 접근했다. 돈도 경험도 없는 초짜는 동업이란 먹이를 덥석 물었다.

삶이 벼랑으로 내몰렸다. 선배가 망해가는 사업을 후배에게 팔아넘긴 거였다. 원금이라도 되찾고자 했으나 상황은 꼬여갔다. 하루아침에 신용불량자란 늪에 빠졌다. 거미줄처럼 널린 빚이 어머니까지 빚쟁이로 만들었다. 이 불효가 너무 아파서 아들은 생명의 끈을 놔버리려고도 했다.

어머니는 기다렸다. 산마을 한켠 임대한 땅에 여섯 동의 재배장이 있는 농장에서. 참나무 둥치에 주입된 종균이 자리 잡고 버섯을 생산하기까지 휴지기가 필요했다. 아들에게도 그런 시간이 주어져야 했기에.

일 년쯤 지나자 아들이 버섯재배장에 슬쩍 나타났다 사라지곤 했다. 우렁각시인 양 어떤 날은 비닐하우스를 손보고, 봄 가뭄에 표고목이 말라가면 흠씬 물을 줬다. 띄엄띄엄 얼굴을 내밀다가 차츰 걸음이 잦아졌다. 어머니와 아들이 마침내 의기투합한 날, 봄비가 촉촉이 내렸다. 표고목에서 어린 버섯이 힘차게 세상 밖으로 머리를 내밀 무렵이었다.

봄엔 화고花菰라는 버섯이 난다. 갓이 하얗게 터지면서 자라 어여쁜 꽃 같아서 붙인 이름이다. 맛이 좋고 가격대가 높아 화고를 따기 시작할 땐 희망에 들떴다. 하지만 날씨라는 변수에 생산량이 들쭉날쭉했다. 기온이 상승하면 버섯이 빠른 속도로 자라지만 질이 떨어져 가격이 하락했다. 그나마 갓이 퍼지지 않았을 때 가치가 높아 하루에 몇 번씩 표고목 사이를 누비며 바구니를 채웠다. 두 사람은 쉬는 법을 망각한 듯 구멍 난 삶을 메워나갔다.

어머니는 반찬값을 아끼려 자투리땅에 감자며 파, 고추 등 채소를 심었다. 이 노동도 만만찮았다. 제 영역을 넘보는 걸 참지 못한 잡풀들이 농성을 해대니 진이 빠졌다. 노모의 시간은 뫼비우스 띠 위에서 돌고 돌았다.

표고목에서는 동전 같은 버섯이 꾸준히 돋았다. 버섯이 적금인 양 쌓이자 채무의 부피가 줄어들었다. "그 돈 없어도 굶어 죽지 않는데이. 나중에 원금만 주든지, 없으면 안 줘도 괜찮타." 이렇게 기다려 준 지인에게 마지막 돈을 갚는 것으로 빚이 청산되었다.

버거웠던 시간이 그냥 지나갈 리 없었다. 어머니가 급성 혈액암으로 위기를 맞았다. 도무지 열이 떨어지지 않자 의사는 고용량 스테로이드제를 투여해 승부수를 걸었다. 다행히 위기를 넘겼다. 아들의 표고목으로 남아야 할 노모의 의지가 해낸 일인지도 모른다. 주기적으로 백혈구 수치 검사를 받으며 어머니가 버티고 계신다.

날이 새면 농장에 나갔다가 해거름에 귀가하는 일상. 흙강아지가 되도록 일을 하고 돌아와도 밥상 차려 줄 이는 없다. 관절염으로 휜 다리를 절룩거리며 계란프라이를 해서 아들 앞에 놓는다. 어머니는 물에 만 밥 몇 술을 뜨다 망연히 자식을 바라보곤 한다.

노모의 소원은 한 가지다. 아들이 제 몫의 행복을 찾는 것이다. 십 녀나 혼자 살아보겠다고 했을 때 기어코 붙잡은 그날이 떠오르면 앙가슴을 치는 어머니다. 체했냐고, 놀란 아들의 목소리가 건너오면 얼른 머리를 흔들며 다시 숟가락을 든다.

표고목은 5, 6년 버섯을 따내면 노목이 된다. 목질이 단단하고 질겨 쉬 썩지 않는 참나무지만 제 속을 다 내준 뒤라 허깨비다. 수피가 허물처럼 벗겨지고, 줄기는 골다공증에 걸린 양 구멍이 숭숭 나 있다. 수명이 다한 참나무는 버섯재배장에서 퇴출 전 할 일이 있다.

냉골에 웅크리고 누운 아들의 방을 데운다. 표고목이 아궁이에서 활활 탄다. 자신을 소진시킴으로써 '진목眞木'의 시간을 마무리하는 참나무. 비로소 온전히 비워진다. 그 앞에 버석해진 어머니가 오롯이 앉아 있다.

소라게의 꿈

 아주아주 오래전 얘기다. 썰물 진 바닷가를 서성이던 생명체가 있었다. 딱딱한 등딱지도 없고, 집게발도 강하지 않은 작은 게는 새가 좋아하는 먹잇감이었다. 녀석은 매일 뭔가를 찾아 헤맸다. 그러던 어느 날 속이 빈 고둥 앞에 섰다. 슬쩍 집게발로 두드려 보고 사이즈를 가늠하더니 냉큼 들어가 앉았다. 멋스러운 나선상의 늑肋에선 안정감까지 느껴졌다. 게는 단단한 소라껍데기에 몸을 의탁하기로 했다.

 이삿짐을 다 싣자 트럭 운전사가 시동을 걸었다. 뒤에 와, 라는 말을 남기고 조수석에 탄 남편이 멀어져 갔다. 안산서 울산까지는 시외버스로 다섯 시간 이상 걸리는 거리다. 젖먹이와 네 살짜리 딸을 데리고 갈 일도 걱정이었지만 빈털터리라는 사실이 무엇보다 두려웠다.

"의지만 있으면 일자리 널린 데가 울산이시더. 여기 와서 다시 시작해 보소."

시동생의 권유에 따랐던 건 지푸라기라도 잡아야 할 만큼 급박했었다.

이사를 결정했을 때 수중에 백오십만 원가량 있었다. 건어물 소매점을 냈다가 보증금까지 다 까먹고 남은 전 재산이었다. 이 돈마저 이사비용으로 쓴 뒤 빚을 얻어 월세방에 들었다.

남편이 입사한 회사는 자동차 부품 하청업체였다. 주야 맞교대 근무 방식이 단칸방 생활을 더 고단하게 했다. 밤새 일하고 퇴근한 남편이 낮에 숙면을 취할 환경이 안 되었다. 나는 집 밖에서 시간을 보내려 애썼다. 둘째는 업고 큰아이 손을 잡고 놀이터로, 시장으로 그리고 골목을 서성였다. 덩굴장미가 대문간을 기어오르는 조붓한 마당을 품은 주택 앞에선 홀린 듯 걸음을 멈췄다. 몸담고 싶은 집과 마주할 때마다 나는 소라게 이야기를 한숨처럼 꺼내곤 했다.

소라게가 몸이 커 가면 거기에 맞춰 새 껍데기로 이사를 해. 집을 구했어도 금 가거나 구멍이 나면 살던 집을 버린다. 배 부분이 말랑말랑한 게가 소라에서 몸을 빼면 위험해. 그래서 얼른 다른 집을 찾아서 들어가지. 엄마는 소라게가 부러워. 집을 바꾸는 데 돈이 필요 없잖니.

이사 얘길 할 때면 큰애 표정이 환해졌다. 새집에 가면 놀이방을 만들어 줄 거라 믿고 있었다. 나는 헛말도 보탰다. 초등학교에 입학할 때 멋진 방이 생길 거라며 아이의 꿈을 한껏 부풀게 했다. 돈은 없지만 공주처럼 예쁜 방을 갖게 해 주고 싶었다.

운이 좋았다. 울산에 둥지를 튼 지 반년 만에 남편이 대기업에 입사했다. 현장직이라 격주로 주야간 근무를 했지만 생활에 여유가 생겼다. 월세 단칸방에서 두 칸짜리로, 전세살이를 하다가 6년 만에 아파트를 샀다. 작지만 방이 세 개나 있어 늦게나마 큰딸과의 약속을 지켰다.

소라게는 몸 전체를 소라껍데기에 넣고 가장 큰 집게발 하나만 내밀고 있어야 안전하다. 그런데 집이 너무 작으면 몸을 다 감출 수 없어 천적의 공격을 막아내기 어렵다. 너무 커도 문제다. 새들이 부리로 소라껍데기 안을 공격할 수도 있고 집이 무거우면 이동도 힘들어진다.

내 몫의 소라껍데기에 문제가 생겼다. 돈이 필요했던 동생에게 아파트 담보 대출을 내줬는데 부도가 났다. 남편 눈치가 보였던 나는 '구멍 메우기'에 나섰다. 방문교사 일을 시작했다. 처음엔 빚 때문에, 나중엔 더 큰 소라를 갖고픈 욕망에 휘둘렸다.

널찍한 아파트에 10년쯤 살았을 때였다. 퇴직을 앞둔 남편이 곧 둘째 딸도 결혼하니 집 규모를 줄이자고 했다. 도시 근교로 나가면 집값이 싸고 공기도 맑다면서. 나는 주택에 살고 싶다는 조건을 붙였다. 그러자 나이 들어서 집에 투자금 늘리면 그걸 뜯어 먹고 살게 될 거란 답이 돌아왔다. 주택담보 노후연금제도를 말하는 거였다. 고령자가 주택을 금융기관에 담보하면 가입자에게 매월 연금을 지급하는 방식이다. 그건 싫었다. 집이라는 실체를 상실하고 허깨비에 몸담고 사는 기분이 들 것 같아서였다.

우리 부부의 노후 수입은 국민연금밖에 없다. 지병이 있는 나는 매달 병원비로 나가는 돈도 적잖다. 가진 돈을 적절히 쪼개 써야 빈곤의 나락으로 떨어지지 않을 거였다. 나는 남편의 뜻에 수긍하면서도 마당 있는 집에 대한 미련을 떨치지 못했다.

소라게의 천적은 문어야. 빨판으로 소라껍데기 속에 있는 게를 빨아들이지. 제 몸집이 감당할 수 없는 무게의 집을 진 게는 더 쉽게 문어의 눈에 띌 수도 있어. 욕심은 위험을 부른단다.

이런 얘기 탓이었을까. 당시 5살이었던 큰딸은 세상에서 가장 무서운 동물이 문어라고 했다. 집을 지고 다니다가 낯선 기척에 후다닥 몸을 숨기고, 변덕쟁이처럼 집 바꾸기를 취미로 하는 소라게를 아이가 좋아했으니 문어에 대한 공포가 더 컸을 것 같다.

보금자리를 옮겼다. 해발 6백 미터 산 밑 마을에 천 세대의 아파트가 완공되자 나그네새처럼 깃들었다. 적송이 군락을 이루고 고찰과 옛 절터가 둘레둘레 앉은 기氣가 승하다는 동네다. 봄밤이면 소쩍새가 "솥적다 솥적다" 하소연하고, 그 배고픔을 아파하던 이팝나무가 고봉밥을 쏟아내며 화답하는 곳. 간이역처럼 스쳐 가고자 했건만 어느새 엉덩이가 들러붙었다.

볕 잘 드는 마당에 장독대가 있고, 대문간을 가로질러 묶은 빨랫줄에서 옷가지가 바람그네를 타며, 순한 백구와 손주가 뛰어노는 걸 보고픈 바람은 어느새 흐려졌다. 문수산, 영축산, 남암산을 정원인 양 거느리고 사는 건 아무나 누릴 수 없는 호사다. 율리栗里란 동네를 뭉뚱그려 꿈의 집이라고 마음에 적어 넣는다. 늙은 소라게가.

슬도에 들다

 방어진 섬 끝 마을로 간다. 집을 나설 때 먹장구름이 보이더니 바닷가에 도착할 즈음에는 작달비로 내린다. 방파제로 접어들자 바람까지 가세해 우산이 무용지물이다. 돌아설까 망설이면서도 발걸음은 앞으로 내닫는다. 섬과 연결된 다리를 지난다. 슬도瑟島다. 무인 등대를 나선형으로 휘감은 계단 아래에서 비를 피한다. 소리를 찾아 나선 길이 순탄치 않다.

 부안의 슬도로 갔다. 전라도 여행을 할 때면 들르곤 하는 매창 쉼터다. 종이컵에 소주를 부어 상석床石에 놓자 파란 하늘이 들어와 고였다. 절을 올렸다. 천 리 먼 길을 달려온 나그네의 권주勸酒가 초라하지만 와서 한 잔 드시라 그녀를 청했다.

어디선가 흩날려 온 매화 꽃잎 몇 장이 봉분에 앉았다. 금방 다시 날아갈 듯 팔랑이는 꽃잎들. 어디로 가시려는지, 내가 물었다. 청춘의 추억이 깃든 내소사인가. 아님 직소폭포? 쌍선봉 아래 월명암에 드시려나? 옛적 한 여인이 눈앞에 있는 것처럼 자꾸 말을 건넸다.

분신처럼 아꼈던 거문고와 함께 묻어달라는 유언을 남긴 매창이다. 그래서 그녀가 묻힌 안식처를 나는 '슬도'라 부른다. 한문학을 전공한 딸아이가 '매창'으로 석사논문을 썼다. 예술적 재능이 충만한 조선 기녀 한 사람을 알게 된 계기다. 조선 중기 부안 아전의 서녀로 태어나 말하는 꽃으로 살아야 했던 여인의 한시漢詩는 이별·와병臥病·그리움·고독·한恨 등으로 얼룩져 컴컴한 우물 속을 들여다본 느낌이었다.

시 「탄금彈琴」에는 "비바람 몇 해를 불어예는가幾歲鳴風雨 / 이제까지 지녀온 것은 거문고뿐今來一短琴"이라는 구절이 나온다. 거문고는 그녀가 38세에 병으로 세상을 뜰 때까지 곁을 지켰다. 긴 나무 울림통 위에 걸린 6개의 현을 술대로 뜯고 내리칠 때마다 "둥기당 둥~당" 함께 웃고 울어준 정을 못 잊어 무덤까지 가져간 것이다.

매창을 알아가는 동안 부표처럼 머릿속을 오락가락하던 단어가 있다. 방이다. 시대적 신분적 한계에 아내로, 어미로 살아갈 기회를 빼앗겨 일상적인 방은 허락되지 않았다. 운명적으로 한정 지어진 굴레 속에서 자기만의 방을 꾸며 힘차게 날갯짓하였다.

시詩라는 방엔 울타리가 따로 없었다. 평생의 연인으로 애태우며 기다리게 만든 유희경도, 친구로 인연을 이어간 허균과의 교류도 시를 가교로 관계의 그림이 치밀해졌다. 하지만 기녀라는 운명은 그녀를 끝끝내 섬 같은 시간 속으로 몰아갔다. 병마로 서둘러 지는 한 떨기 꽃이 되게 했다.

매창에게 주어진 슬도라는 방은 달랐다. 그녀 사후, 풍류를 즐기며 시를 사랑하는 부안 사람들이 매창 작품을 모아 시집을 묶어냈다. 묘비를 세워주는 손길도, 벌초해 주는 이도 있었다. 남사당이나 유랑극단이 마을에 들어올 땐 매창 무덤 앞에서 한바탕 놀이판을 벌였다. 적어도 부안에서는 그녀가 존경받는 예인임을 증명하는 부분이다. 그녀의 마지막 방이 꾸려진 매창공원에 설 때면 설핏 부러운 감정이 스쳐 가곤 했다.

방어진 슬도에 서면 매창이 떠오른다. 섬 이름에 든 '거문고 슬瑟'자가 부안에서의 기억들을 불러낸다. 석공조개의 일종인 돌맛조개가 수백만 년 동안 바위에 120만 개의 구멍을 뚫었다는 섬. 여기에 파도와 갯바람이 부딪치면 거문고 소리가 난다는 낭만적 해설이 마음을 흔든다. 자연이 내는 거문고 소리가 궁금해 곰보가 된 섬을 찾곤 하지만 내 귀는 늘 먹통이다. 지금은 비바람이 드잡이를 해대니, 거문고 소리는커녕 소란한 침묵만 이어질 뿐이다. 혹여 마음으로 들어야 한다면 아직 준비되지 않은 모양이다.

석공조개는 치패 시절 바위에 파고든다. 성장해 가는 동안 그 자리에서 몸피만큼 구멍을 키워나간다. 파도가 들이칠 때 휩쓸리지 않기 위해 애쓰면서 주먹만 한 방에서 꿈을 꾼다. 누릴 공간이 소박하다고 해서 꿈까지 작을 이유는 없다. 내가 슬도명파瑟島鳴波를 제대로 듣는 귀를 얻게 되면 좋은 글을 쏟아낼 수 있으려나. 슬도에서 비를 흠뻑 맞고 집으로 가는 버스를 기다린다.

내 안에 가슴을 파먹고 자랄 글패 하나 심는다. 그 방을 '슬도'라 명명한다.

고화

　할아버지의 아버지 때부터 골조를 올린 시골집이었다. 큰집 대청마루는 세월의 손을 타 검은색으로 번들거렸다. 마루에서 판장문을 열어젖히면 뒤꼍 풍경이 교자상만 한 액자로 들어앉았다. 늙은 돌배나무와 키다리 살구나무, 흙담장 아래 분꽃과 장독대 옆 맨드라미꽃이 있는 그림. 세탁소 일로 바쁜 엄마가 일곱 살짜리 나를 백모에게 맡기곤 해 그 모습이 살아있는 그림책이 되었다.

　그림이 지루해질 때쯤 비가 덧칠되곤 했다. 처마에서 떨어지는 빗소리를 실로폰 소리처럼 듣고 있노라면 눈앞에 발이 쳐졌다. 시야를 가린 '빗발'로 손을 뻗었다. 엄마, 엄마… 자꾸만 써내려 가면 보고픈 엄마가 서둘러 올 것 같았다.

이런 추억 때문인지 아직도 한옥에 향수를 품고 산다. 두 딸 출가시키고 부부만 남으면 도시 외곽에 기와집 짓고 살자 그리 약속했다. 그러나 남편이 퇴직할 즈음 꿈을 접었다. 아파트 평수까지 줄여 이사했다. 노후 대비라는 현실은 거대한 암벽이었다.

"저런 곳에서 하루쯤 지내고 싶다."

TV에서 고택 체험을 하는 사람들을 보며 한숨처럼 내뱉었다. 친정에 다니러 왔던 딸이 귀담아들은 모양이었다. 구월의 첫 주말에 여행 일정이 잡혔다. 양반가옥에서 1박 하자는 말에 나는 환호했다.

어둠이 깊어진 뒤에야 목적지에 도착해 솟을대문 안으로 들어선다. 돌아앉은 ㄴ자 모양의 토석담이 멈춤 신호를 보낸다. 어디로 가야 하나? 눈빛이 흔들리는 찰나 머리가 희끗희끗한 주인장이 다가온다. 담 왼편은 사랑채고, 예약된 방은 오른편 중문 안쪽에 있다고 일러준다. 사랑채 기단에서 대문 쪽으로 뻗어 나온 담장은 남녀유별의 유교적 이념이 투영된 내외담이란다. 외출이 잦지 않던 여인들이 남정네 앞을 지나 안채로 가는 곤혹스러움을 배려했다는 가리개, 낯선 유물이다.

140여 년의 세월이 고인 송소고택 안채 사랑방에 짐을 푼다. 저녁은 먹는 둥 마는 둥 졸려서 칭얼대는 아이를 위해 이부자리부터 편다. 조선시대 안채 방의 배열은 딸이 가운데 엄마와 할머니 방은 좌우에 됐다고 한다. 어른이 양쪽에서 아이를 지킨다는 뜻이 담겼다. 나도 손녀의 베개를 어미와 할미 자리 사이에 놓는다.

창호지 너머 새벽빛이 희끄무레하다. 미닫이문을 활짝 열어젖힌다. 후원엔 감나무가 터줏대감처럼 늠름하다. 정면 담장 너머엔 별당이 보이고 토석담 가장자리 따라 대나무가 푸름을 덧칠한다. 고즈넉하다. 머름대에 팔꿈치를 올리고 앉는다. 옛 여인들 애깃소리 소곤소곤 들려올 듯하다.

후원으로 내려선다. 큰사랑채로 통하는 협문 옆 담에 야구공만 한 구멍 세 개가 이채롭다. 안이 Y자로 뚫려 반대편 시야가 여섯 개로 나눠진다. 대청과 쪽마루, 마당, 화단이 그 안에 담긴다. 문득, 안채 담에 구멍창을 내도록 허한 남자의 속내가 궁금해진다. 풍습에 얽매인 양반가 여인들의 일상이 안쓰러웠을까. 아니면 만석꾼의 여유였을까. 이유가 뭐든 선물이다. 여분의 '눈'이 주어진다는 건.

사랑채를 들락거리는 남자들이 어떻게 시간을 보내는지, 예비 사위가 온다는데 풍채가 어떤지를 구멍창이 전언한다. 아침부터 까치가 울어대니 친정 소식을 들을 수 있으려나 서성이게 되고, 어쩌다 사돈댁에 다니러 온 친정아비의 뒤태라도 본 날이면 "아버지!" 소리가 입 밖으로 나오지 못하고 눈물로 연출되는 곳. '눈' 앞에서 고화古畵를 보다 마음이 젖는다.

별당을 건너다본다. 딸을 낳으면 아이가 6살까지는 안채에 살며 엄마나 할머니의 챙김을 받는다. 이후 별당에서 생활한다. 시집갈 때까지의 거처다. 거기서 참는 법부터 배웠을 것이다. 그리움과 외로움을 받아들이며 인내하는 것과 자기 관리를 위해 달거나 기름진 음식을 금해야 하는 것까지도. 청송 심씨 집안에서 세종의 왕비인 소헌왕후 등 세 명의 비妃가 배출되었으니 타 가문보다 엄한 신부 수업이 이루어졌을 법하다.

조선시대엔 친정이 백 리 밖에 있으면 부모상을 당해도 갈 수 없었다는, 언젠가 책에서 읽은 내용이 스친다. 하늘이 무너지는 슬픔 앞에 인간이 만든 법도가 뭐라고. 친정이 먼 여인들은 '반보기'도 허락되지 않았다.

하도 하도 보고 저워/ 반보기를 허락받아/ 이내 몸이 절반 길을 가고/ 친정어메 절반 오시어/ 새중간의 복바위에서/ 눈물 콧물 다 흘리며/ 엄마 엄마 울엄마야/ 날 보내고 어이 살았노.

민요 「반보기」의 일부다. 농번기가 지난 가을 시집간 딸과 친정엄마가 양가 중간쯤서 만나 정담을 나누는 풍속이다. 밖에서 하룻밤 보내는 게 허락되지 않아 모녀의 상봉은 한나절 만에 끝난다. 이런 만남조차 기대할 수 없었던 여인은 어땠을까. 꺼이꺼이 대신 울어주고 싶다. 나도 딸이고, 병약한 노모와 떨어져 살기에. 또한 딸을 시집보낸 엄마이기도 해서 쉬 감정 이입이 된다. 돌아서면 금세 보고파지는 게 피붙이 아니던가.

퇴실하는 날이다. 옛 그림 모퉁이마다 깃들어 있는 이야기를 찾아 읽느라 바빴던 여정이었다. 고택을 떠나려니 갈증이 남는다. 다음엔 대청마루에서 뒤란을 볼 수 있는 방을 예약하리라. 처마 밑으로 떨어지는 빗물도 볼 수 있는 날이면 더욱 좋겠다. 오목하게 팬 낙수받이돌을 석종인 양 두드리는 빗물의 연주가 듣고 싶다.

빗발 무늬가 시야를 가리면 지문이 닳은 손가락으로 '어·머·니'라고 써볼까. 노모를 곁에 모시고.

마법의 순간

우물 옆에 작두샘이 보인다. 주물로 된 작두샘은 손잡이 긴 주전자가 파이프에 올라앉은 형상이다. 1960년대를 재현한 동네에서 어린 시절 기억을 깨우는 풍경에 끌린다. 우물 속으로 두레박을 내려 까만 물거울을 깬다. 찰랑찰랑 퍼 올린 물을 작두펌프에 붓는다. 동시에 손잡이를 철컥철컥 아래위로 움직인다. "순아~ 뽐뿌질 좀 해도." 엄마의 목소리가 환청인 듯 귓전을 스친다.

우리 집은 세탁소를 했다. 손님들이 맡긴 옷을 기계처럼 빨아대는 엄마가 열 살 아이 눈에도 힘겨워 보였다. 나는 고사리손을 보탰다. 펌프에 마중물을 부으면 실린더 밑으로 빠지기 일쑤였다. 커다란 손잡이에 매달려 폴짝폴짝 뛰었다. 쿨럭쿨럭 몇 번이나 물을 삼키던 펌프가 마침내 주둥이로 쏴아 물을 뿜어냈다. 엄마의 세탁통에 맑은 물이 차올랐다. 한 바가지의 물이 마법을 펼치는 순간이었다.

카야는 먼지 앉은 성경 속표지에 쓰인 알파벳을 골똘히 들여다보았다. 목젖에서 "미…스…캐서…린"이란 음들이 조심스레 맴돌았다. 그녀는 다시 처음부터 읽었다. "미스 캐서린 대니엘 클라크." 작두샘에서 쏟아지는 물처럼 터져 나온 음들이 그녀의 이름이었다. 낯선 듯 익숙한, 다른 이름들도 하나하나 발음했다. 뿔뿔이 흩어진 엄마와 아빠, 언니와 오빠가 카야의 부름에 한자리에 모인 듯했다.

카야는 델리아 오언스 소설 『가재가 노래하는 곳』의 주인공이다. 술꾼에 폭력적인 아버지 때문에 엄마가 집을 나간 뒤 매질을 견디지 못한 아이들도 가출한다. 어린 카야는 집에 남지만 아버지의 종적이 묘연해지면서 혼자가 된다. 습지의 낡은 판잣집에서 수동식 통통배로 홍합을 잡고, 훈제 생선을 만들어 팔아 근근이 연명하는 열 살 아이.

실낱같은 희망도 없는 나날 속에 오빠 친구가 손을 내민다. 테이트는 문맹인 카야에게 최선을 다해 글을 가르친다. 습지의 생물들을 사랑하지만 표현할 수 없었던 그녀에게 마중물을 부어준 것이다. 카야는 그동안 모은 조개나 새의 깃털에 라벨을 붙이고 틈틈이 시도 쓰게 된다. 마침내 바닷조개와 해안의 새에 관한 책을 출간한다. 습지 전문가로 우뚝 선다.

어린 카야가 문맹의 어두운 터널을 벗어나는 과정을 나는 아프게 바라봤다. '그때' 내가 테이트 같은 마음가짐이었다면 결과가 달라졌을까. 책장을 넘기는 내내 실타래가 엉키듯 머릿속이 복잡했다. 구순을 바라보는 연세에도 무식의 한을 안고 사는 엄마가 자꾸만 생각났다.

"은행 가 갖고 넘의 손 안 빌리고 돈을 찾고 싶데이."

태평양전쟁 시기에 초등학교 1년을 다닌 것이 학력의 전부인 엄마다. 중학생이던 내게 한글을 가르쳐 달라고 할 때 답답했던 심사를 이렇게 표현했다. 은행 문턱 넘을 때마다 용지 써줄 사람을 물색하며 부끄럽고 불안했다고 했다. 엄마의 절박함이 내겐 와닿지 않았다.

그래도 잠깐씩 글을 봐 드렸다. 한글 쌍받침이 들어가는 글자를 헷갈려 할 뿐, 소리 나는 대로 단어를 표기해 소통은 가능했다. 엄마는 책 읽기를 통해 문자를 익혔다. 더듬더듬 문장을 읽는 엄마 옆에서 단어가 막히면 내가 노트에 쓴 다음 발음과 뜻을 설명했다. 궁금증이 풀려갈 때마다 엄마의 얼굴은 기쁨으로 빛났다.

사십 대 초반이면 뭐든 도전하고 해낼 수 있는 나이였다. 그러나 가장이 집 밖으로 도니 세탁소 일은 엄마 몫이 되었고, 오 남매 뒷바라지도 벅찼다. 자투리 시간을 활용하려면 부족한 잠을 더 줄여야 했으나 엄마는 배움의 의지에 차 있었다. 문제는 나였다. 한 달쯤 지나자 내 공부가 바쁘다며 꽁무니를 뺐다. 펌프질하려고 야무지게 손잡이를 쥔 사람을 두고 마중물을 찔끔 붓다가 도망친 격이 되었다.

몇 년 전에 수필집을 냈다. 내 책을 어렵게 읽어 낸 엄마가 뭔가를 끄적이기 시작했다. 도란도란 들려준 지난날 추억이 녹아있는 딸의 수필을 읽자 연필을 잡고 싶으셨단다. 어머니는 아직 못다 한 얘기가 많다. 그것을 딸자식 필력에 기대 작품으로 탄생하길 바라며 용기를 낸 것이다. 누렇게 바랜 노트에, 광고지 여백에, 달력 뒷장에 연필로 삐뚤빼뚤 써낸 일상이 내 책상에 조금씩 쌓이고 있다.

엄마의 글은 의욕과 달리 안개 속을 헤맨 듯하다. 고단했던 삶보다 쓰는 게 더 힘들다는 노모. 그래도 옹이진 손가락으로 꼭 잡은 연필을 놓지 않는다. 나는 구순 넘어 시인이 된 여성의 작품 한 편을 엄마에게 들려준다.

있잖아, 불행하다고/ 한숨짓지 마// 햇살과 산들바람은/ 한쪽 편만 들지 않아// 꿈은 평등하게 꿀 수 있는 거야// 나도 괴로운 일/ 많았지만/ 살아 있어 좋았어// 너도 약해지지마

사바타 도요, 「약해지지마」 전문

 엄마의 입가에 미소가 어린다. 고개를 끄덕이며 나와 눈을 맞춘다. 엄마의 작두샘에서 울컥울컥 문장들이 쏟아져 나올 날을 기대한다. 마법의 순간이 다시 시작되고 있다.

목공새

 머리부터 몸통까지 고동색으로 바림되어 있다. 꼬리에 이르자 밀색으로 고인다. 몸에 물결무늬가 어룽진 검지손가락만 한 녀석을 보고 있다. 마치 책꽂이에 붙어버린 것처럼 꼼짝도 하지 않는다. 스스로가 날 수 있는 존재라는 사실을 잊어버린 것일까.

 집 앞 산을 오르다 샛길로 접어들었다. 망해사 뒷마당과 통하는 길이다. 간밤에 장대비가 유리창을 때리고 우릉우릉 몸부림친 바람의 흔적이 산길에 낭자했다. 어지럽게 흩어진 나뭇잎과 동강난 나뭇가지들이 발에 툭툭 걸렸다. 승탑지 방향으로 몸을 틀었을 때였다. 저만치 계단 입구에 새 한 마리 앉아 있었다. 탁탁 발소리를 내며 다가서도 움직임이 없었다.

ㄴ자 모양의 나뭇가지를 집어 들었다. 이게 왜 새로 보였을까? 이리저리 살피다 가방에 넣었다. 조각을 해본 적은 없지만 나무 속에서 새를 꺼낼 수 있을 것 같았다. 가장 귀가 짧은 쪽은 머리로, 긴 쪽은 몸통을 삼으면 되겠다고 혼자 그림을 그렸다. 초등학생 때부터 십여 년 연필 깎던 실력을 발휘할 기회였다.

　내 안에도 새가 있다. 젊은 시절, 남편의 실직과 방황으로 어려움을 겪었다. 월세방을 전전하며 약값조차 마련할 수 없는 빈곤에 떨었다. 정신적 위안처라도 찾고 싶었다. 그러다가 주민센터에 작은 도서관이 있다는 정보를 들었다. 돌쟁이 딸은 업고, 두 살 터울의 큰딸 손을 잡고 매주 그곳에 드나들었다. 절반도 못 읽고 책을 반납할 때가 많았다. 하지만 잠시라도 소유할 수 있음은 위로가 되었다. 다독상으로 국어사전을 받았다. 아마 그즈음부터였을 것이다. 내가 글을 끄적이기 시작한 것이.

　아이들을 재우고 나면 방바닥에 엎드린 채 일상을 그려 냈다. 남편 직장에서 사원 가족 공모전을 할 땐 그걸 준비하느라 머릴 싸맸다. 밤새 문장과 씨름하다 고개를 들면 흩어진 원고지가 시간의 발자국이 되어 있었다. 마구 뜯어

내 뒹구는 미완의 문장들이 어린 새의 서툰 날갯짓처럼 느껴졌다. 그래도 나는 펜을 놓지 않았다. 서툴다는 건 다듬어져 가는 여정의 다른 표현이었으므로.

나뭇가지에 칼을 갖다 댄다. 송진 때문인지 칼질이 어려워 진땀을 뺀다. 손끝에 힘을 주다 보니 어떤 부분은 필요 이상으로 깎여 나간다. 몸통을 다듬을 때는 산고를 겪는 어미새가 된 기분이다. 깎아낸 흔적을 사포로 문지른다. 손바닥에 올려놓고 차분히 본다. 제법 새의 형상을 하고 있다.

이름을 지었다. '소나무 송松'자를 풀어 쓰니 '木'과 '公'이 되었다. 상대를 부를 때 성씨에 '공'자를 붙여 부르는 것처럼 '목공'이라 칭하자 녀석은 목공새가 되었다. 공은 귀하고 높은 신분을 상징하니 이름 하나로 품위를 더한 격이다.

모 문예지에 완료 추천되었다. 스승도 동인도 없이 혼자 문장과 씨름한 결과물이라 벅찬 선물이었다. 내 글이 활자화되어 세상에 빛을 본 사실만으로도 좋았다. 어쩌다 원고 청탁이 들어오면 저절로 어깨가 올라갔다. 자랑하고 싶어 입이 간지러웠다.

그런 뿌듯함도 잠시였다. 가슴앓이가 시작되었다. 나름

퇴고한 작품을 다시 읽다 보면 쓰는 동안의 조바심까지 행간에 고여 있었다. 형상화는 송진처럼 찐득거리고, 의미화는 옹이처럼 우툴두툴했다. 구겨진 원고지가 다시 쌓이기 시작했다.

그즈음 아이들 학원비 지출이 많아 방문교사 일을 하게 되었다. 집집이 찾아다니며 학생들을 가르치고 나면 녹초가 되었다. 몸이 고단해질수록 내 안의 새도 무거워졌다. 마치 글쓰기에서 도망갈 핑계를 찾은 것처럼 필사적으로 일에 매달렸다. 열다섯 해가 그렇게 흘렀다. 날개가 퇴화하고, 근육마저 굳어버리기에 충분한 시간이었다.

목공새와 눈이 마주친다. 혹여 새가 되고픈 바람을 품고 있었냐고 묻는다. 이 물음 메아리 되어 내게로 온다. 책상에 펼쳐놓은 습작 노트에 목공새 그림자가 얼비친다.

이탈리아 조각가 미켈란젤로는 대리석 안에 형상이 갇혀 있다고 믿었다. 그의 조각은 돌에서 대상을 꺼내는 작업이었다. 팔맷돌을 들고 골리앗을 쏘아보는 〈다윗〉은 대리석 폐석에서 세상 밖으로 나왔다. 돌가루를 뽀얗게 뒤집어쓴 미켈란젤로와 그렇게 마주했다.

나무 안에서 새를 본 나도 손을 베어가며 애써 끄집어낸다. 목공새에게 시선이 머문다. 암팡진 날개가 부풀어 오르는 듯하다. 햇살이 비껴든 탓이다.

아무리 오래 갇혀 있었다 해도 본능을 숨길 수 없다. 새는 새다. 비상할 수 있는 존재라는 사실을 망각하지 않는다면. 언제가 창공을 향해 힘차게 날개를 퍼덕일 것이다.

블라인드를 내리고 펜을 든다. 습작 노트에 "목공새"라고 적는다. 어깻죽지가 뻐근해진다

두꺼비의 선택

 등산로 초입부터 산이 허리를 쭉 펴는 듯하다. 발걸음이 주춤댄다. 그러자 내 안의 갈망이 저항한다. 등산이 독이라며 의사가 만류했지만 마음의 감옥을 벗어나고파 고집스레 나선 길이 아닌가. 스틱을 잡은 손에 힘을 준다.

 망해사로 빠지는 곁길은 조붓하다. 사선으로 드러누운 길에 접어들자 주먹만 한 두꺼비가 길 중앙에 오도카니 앉았다. 통행세라도 받으려나. 슬쩍 다가서 봐도 석상인 양 미동이 없다. 그런 녀석의 엉덩이 쪽에서 푸릇한 뭔가가 꿈틀대는 걸 본다. 순간 두꺼비의 눈길과 마주친다. 자신에게 무슨 일이 일어났는지 얘기해 줄 수 있냐는 눈빛이다.

 나도 묻고 싶었다. MRI 영상을 세밀히 본다면서도 무릎 통증 요인을 찾을 수 없다는 의사에게. 그럼 무릎뼈 미세천공술을 두 번이나 받게 한 이유는 무엇이며, 켜켜이 쌓여 가는 아픔은 도대체 어디서 오는 거냐고.

 4년째 명의를 찾아다녔지만 답은 늘 비슷했다. 소염진통제와 주사, 물리치료 처방을 낼 뿐이었다. 얼마간 통증을 줄여 주는 게 최선이라는 듯. 원인 치료에 대한 방향성 없는 장기 투약은 환자에 대한 방관임을 그들도 알 터인데. 가슴이 답답했다.

 한쪽 다리에 체중이 실리면서 걸음걸이가 균형을 잃었다. 통증이 오른쪽 골반과 허리까지 파고든다. 매일 진통제를 입에 털어 넣어도 서너 장의 파스를 붙여야만 잠을 청하는 나날이다. 몸이 보내는 신호가 나날이 집요하고 거칠어진다. 내 고통의 뿌리를 찾아 줄 이는 없는 것일까?

 내가 산을 오르게 된 까닭은 꾹꾹 눌러 둔 소망과 조우한 탓이다. 다리 근육이 많이 빠진 걸 확인한 물리치료사가 이대로 가면 보행이 어려워진다고 했다. 실내자전거 타기나 수영, 아쿠아로빅 등을 권했다. 코로나가 잦아들면 체육센터에서 아쿠아로빅을 다시 할 참이라 말할 때 어쩔 수 없이 포기했던 '거기'가 그리웠다. 집으로 돌아와 트레킹화를 신고 스틱을 챙겼다. 오후 3시를 넘긴 시간, 등산로

가 한적해서 좋았다.

스틱으로 둘을 떼어놓을까, 고민한다. 사람이 먹이 사슬에 관여해선 안 되지만 약자에게 마음이 기우는 건 인지상정이다. 하지만 돕고자 하는 의지보다 뱀에 대한 두려움이 커 발이 땅에 붙었다.

그새 상황 파악에 들어갔던 두꺼비가 용기를 낸다. 폴짝 뛰었다가 한숨 돌리고 다시 뛴다. 어린 유혈목이란 족쇄에 걸려 이동 거리는 미미해도 승산이 있을 듯하다. 녀석의 꿍꿍이가 보인다. 절개지가 바로 눈앞이다.

흙 벼랑 가장자리까지 이른 두꺼비가 훌쩍 몸을 던졌다. 뜻밖의 상황에 혼비백산한 뱀이 먹잇감을 놔버렸다. 유혈목이가 빈 입을 다셨다. 헛기운만 써서 아쉬운 듯 긴 혀를 날름대며 풀숲으로 꼬리를 감추었다.

두꺼비는 거머리처럼 달라붙은 독사를 떨칠 방법을 고민했을 것이다. 절개지에서 함께 떨어진다면 탈출에 실패할 가능성이 있었다. 그렇다고 포기한다면 나머지 절반의 성공 확률도 버리는 거다. 선택 여지가 없었으므로 녀석은 망설이지 않았다.

두꺼비의 생사가 궁금해 절개지로 내려갔다. 사찰 뒷마

당을 살폈다. 옥잠화가 꽃대를 올린 화단에 떨어졌을 녀석은 보이지 않았다. 꽁꽁 숨어버렸다는 건 숨이 붙어있다는 뜻이리라. 나는 안도했다.

승탑지는 대웅전 측면에 자리한다. 석축을 높이 쌓아 만든 장방형 평지다. 자연석 계단을 오르면 9세기 작품인 승탑 두 기가 마중 나와 있다. 회색 법복 차림의 스님 같다. 대각선 방향의 끝점에 이끼를 뒤집어쓴 석종형 부도도 보인다. 먹빛 장삼 입고 가부좌를 튼 또 한 분의 승려를 연상시킨다. 예를 표하고 점찍어 둔 자리로 향한다.

승탑에서 양팔 간격의 거리엔 고목 한 그루가 섰다. 모서리가 깨진 화강암 판석과 자연석 몇 개가 나무 밑에 놓여 있다. 방문객에게 쉼터가 되어준다. 큰 키의 나무보살이 그늘까지 보시해 주니 갈 때마다 은덕을 입는다.

땀을 식히며 시계를 본다. 목적지까지 40분 걸렸다. 건강할 때보다 3배의 시간을 소모했다. 보행이 부담되었는지 종아리가 붓고 무릎이 욱신댄다. 골반이 시큰거린다. 손바닥으로 다리를 문지르고 주무른다. 주먹으로 엉덩이를 툭툭 친다. 힘들겠지만 견뎌보자며 육신을 달랜다.

터질 듯 부풀어 오른 원망을 비워내지 못하면 우울증이

올 것 같아 승탑지를 찾은 나. 마음자리에 작은 평화가 깃든다. 이 장소를 내가 얼마나 사랑하는지 다시금 확인한다. 계속 발걸음하고 싶다는 갈망이 고개를 든다. 위안이 되던 풍경이 흔들린다.

나무 밑에 앉았으니 스님 세 분이 장삼자락 휘날리며 다가와 머리를 쓸어준다. 원망도 두려움도 내려놓아야 편해진다고 하신다. 그 말에 고개를 주억거린다.

앞으로 짧은 산행마저 할 수 없는 날이 올지, 다리에 근력이 붙어 보행이 좀 편해질지 알 수 없다. 나는 이 선택이 낳을 결과를 예측하지 않기로 한다. 두꺼비처럼 현재에 최선을 다할 뿐이니까.

어부바

 생후 6개월 된 아기 얼굴이 눈물 콧물로 범벅이다. 기저귀는 보송보송하고 분유를 양껏 먹였음에도 다리를 뻗대며 앙앙댄다. 이마에 땀이 송골송골 맺힌 엄마는 딸랑이로 시선을 끌어보려 한다. 울음이 더 자지러진다. 승자가 뻔한 씨름이다. 빨간 하트 무늬가 선명한 포대기를 들고 다가서며 "어~부~바!"를 외친다. 어린 단풍잎 같은 손이 팔랑팔랑 나를 향한다.

 아기가 어부바 소리와 포대기란 사물에 눈을 반짝이기 시작한 건 최근이다. 이 작은 성장이 대견해 딸 집에 들러 자주 등을 내준다. 외손녀를 업고 거울을 본다. 포대기가 아기 허리 위까지 잘 잡아주는지를 살피는데 녀석은 입이 찢어져라 하품 중이다. 한바탕 잠투정을 했었나 보다.

"자장자장 우리 아기, 착한 아기 자장, 코코 잔다 자장, 잘도 잔다 자장."

홍얼홍얼 내 안에서 흘러나오는 소리에 몸을 맡긴다. 음치에다가 몸치, 노는 일엔 젬병인 내가 희미한 기억의 창을 열어 자장가와 동요 몇 가락을 꺼낸다. 몸을 시계추처럼 좌우로 흔들다가 발을 살짝 들어 앞뒤로 점을 찍어보기도 한다. 이런 어부바춤에 학창시절에 배운 다이아몬드 스텝을 보탠다. 이쯤 하면 새근새근 꿀잠에 빠진다. 내게서 어설픈 춤과 노래를 불러내고 아기를 달래 잠들게 하는 힘, 나는 이것을 포대기의 마법이라 칭한다.

지구촌 이슈 영상이 눈에 익다. 미국의 여성 기상학자가 돌쟁이 아들을 업고 날씨 예보를 한다. 그녀는 포대기를 이용해 아이를 엄마와 한몸처럼 밀착시켜 업는 '베이비웨어링Babywearing'을 보여주는 참이다. 일상생활에서 부모가 아이를 업거나 안아 스킨십 하는 것을 권장하기 위해서라는데, 포대기를 하고 몸을 마음대로 쓰는 게 인상적이다. 아이를 업으면 웬만한 일은 홑몸인 듯 쳐나갈 수 있어 워킹맘 생활이 가능했다는 그녀 말에 공감한다. 우리 포대기 문화가 태평양 건너까지 알려져 인정받고 있음에 어깨가

으쓱해진다.

어부바를 하면 아기의 울음이 가라앉고 평온을 찾는 데는 그만한 이유가 있다. 포대기가 아기의 몸을 탄탄하게 감싸니 엄마 자궁 속 같은 안정감을 준다. 일을 하느라 이리저리 움직이면 양수의 흔들림과 흡사하다. 어린 전복 같은 귀를 엄마 등에 대고 듣는 심장박동 소리는 단조롭지만 친근한 음악이다. 세상 밖에서 안의 기억과 조우하는 장소, 포대기는 아기에게 또 하나의 방이 된다.

포대기로 둘은 하나가 된다. 체온을 나누고 몸짓과 목소리로 교감한다. 엄마가 소소한 일상을 펼치는 동안 아기의 눈과 귀는 바쁘다. 집안 청소와 딸그락딸그락 설거지하는 과정과 사람들이 나누는 대화와 쇼핑에 동참하면서 일찌감치 '살이'를 학습한다. 엄마와 함께하는 병아리 학교가 재미나고 신기해서 자꾸만 '어부바'를 외치게 되는 것이다.

"아기가 많이 업히면 다리가 휜다던데 괜찮을까?"

큰딸이 속에 두었던 말을 꺼낸다. 첫째와 달리 둘째는 여아라 다리가 미워질까 신경 쓰이는 모양이다. 나는 소문일 뿐이라 일축했지만 딸보다 어려운 '딸의 딸' 일이라서 조심스럽다. 포대기 잡는 손에 망설임이 고인다.

그러던 어느 날 "돌 이전의 아기 대부분이 O자 다리이고 업는다고 해서 다리가 휘는 경우는 없다"는 의사의 말을 딸에게 전한다. 아이 업는 일이 예전처럼 쉽지 않다는 말이 목까지 올라왔다가 내려간다. 손끝 거스러미만큼의 서운함이 잠시 고개를 들었던 것 같다.

외손녀 업는 시간이 쌓이자 몸이 딴죽을 건다. 척추협착증으로 상태가 안 좋은 허리와 관절염 앓는 다리가 움직임을 방해한다. 겉으로 표현하지 않으면 주변 사람들이 모르는 속 골병이다. 몇 날 며칠을 혼자 끙끙대다가도 아기와 어울리는 날엔 언제 아팠냐는 듯 어부바춤을 춘다. 육아가 벅차 전전긍긍하는 큰딸에게 보내는 어미의 소박한 정성이다.

감사한 마음으로 보내는 하루하루다. 별꽃 같은 아기가 나를 반기고, 내겐 추억을 그려갈 건강이 남아 있으니.

어부바란 말이 좋다. 결혼 전에 친정 조카를 시작으로 두 딸과 외손주 둘, 이렇게 다섯 명에게 포대기 마법을 선보인 상태다. 피붙이들이 내게 보여준 투명한 미소는 잊을 수 없는 선물이다.

2. 천전리 엽서

숫눈

"진~짜 슬플 땐 어떻게 해요?"

목소리에서 물기가 묻어난다. 열 살짜리의 표정을 유심히 살핀다. 평소에 속내를 곧잘 펼쳐 보이니 가만히 다음 말을 기다린다. 조그만 입이 망설망설 이야기를 꺼낸다.

아이가 친삼촌처럼 따른 H라는 청년 얘기였다. 폐종양 수술 후 직장에 복귀했던 그가 정기검진일을 맞았다. 처음 장만한 자가용을 타고 들뜬 표정으로 집을 나섰다. 검사 결과 백혈구 수치에 빨간불이 켜져 있었다. 급하게 수혈받아도 상황은 나아지지 않았다. 입원 치료가 시작되었다. 가파른 하향 곡선을 그린 몸 상태. 엿새가 지난 뒤 서른두 살의 그가 숨졌다는 소식이 날아들었다.

"수술받고 다 나았다고 했잖아. 그런데 왜? 왜~~"

거짓말이라고 말해주길 바라는 아이의 눈길을 애써 외면했다.

이웃인 청년은 누나 집에서 지냈다. 외손자가 혼자 집에 있을 땐 불러서 끼니를 챙기고, 몸으로 놀아주던 활달한 청년이었다. 슬프다고 웅얼대며 안절부절못하는 아이를 보는 게 가시방석이었다. 고집부릴 때처럼 한바탕 울어버리지. 눈물이라도 퍼내면 후련해질 텐데……. 크나큰 상실감은 울음마저 가둬버린 듯했다. 나는 그 마음을 어루만져 줄 방법을 고민했다.

겨울방학이 끝나가는 2월의 마지막 주말, 고속도로를 달린다. 해인사까지는 3시간 거리다. 엄마와 며칠 떨어져 지낼 일도, 생소한 환경과 마주할 시간도 부담스러운지 꼬마가 입을 꾹 다물고 있다. 창밖만 서성이는 눈길을 끌어들이려 "현우야~"라고 부른다. 할미와 2박3일 예쁜 추억 만들어 보자고 작은 어깨를 토닥인다. 배시시 웃는데 눈물이 반짝인다.

휴식형 템플스테이를 가는 길이다. 내가 법당에 들면 곁에 와 삼배三拜를 따라 하던 녀석이니 사찰이 생경하지는 않을 것이다. 아이 마음에 낯선 별리로 팬 자국을 어떻게 보듬어야 할지 조심스럽다. 하지만 훗날 그를 떠올릴 때 이 여행의 추억이 더해진 이미지로 남았으면 한다. 유년의 삽화에 그리움이란 물방울별 하나 부처님 전에 두고 왔다고.

가야산을 병풍처럼 두르고 앉은 한옥 숙소가 한 폭의 그림 같다. 사무실에 들러 방 열쇠를 받는다. 사찰에 머물 동안 입어야 한다는 절복도 챙긴다. 분홍 조끼와 진녹색 항아리바지가 커플복이어서 우리를 웃게 한다. 환복換服하니 예속감이 더해진다.

저녁 공양 시간까지 한 시간 남짓 여유가 있다. 대적광전 앞에 이르니 소망등이 조롱조롱 매달려 바람그네를 탄다. 오렌지만 한 지등紙燈에 나뭇잎처럼 매달린 메모를 읽는다. 건강, 돈, 사랑, 결혼, 학업에 관한 바람이 빼곡하다. 아이가 하늘색 등을 고른다. 펜을 잡고 고여 있던 말을 또박또박 써 내려간다.

"천국에서는 건강해요. 부처님, 착한 삼촌을 보살펴 주세요."

손자의 가슴에서 철썩대던 슬픔과 그리움이 소망등을 걸면서 한결 잦아드는 듯하다. 좋아하는 이를 떠나보내는 작은 의식. 내 눈시울에도 단풍이 든다. 사찰에 든 첫날 아이 스스로 답을 구하니 고맙다.

다음날 염주 만들기 체험을 하겠다는 녀석과 신경전을 벌인다. 염주 한 알 줄에 끼울 때마다 절을 해야 하는데 초등학교 3학년짜리에겐 벅찬 과정이다. 그런데 할 수 있다며 버틴다. 보다 못한 사무실 직원이 나선다. 커다란 스크린이 걸려 있고 그 앞에 두툼한 갈색 방석이 놓인 방으로 안내한다. 나무그릇에 염주알과 줄이 준비되어 있다.

"양반다리 하고 앉으십시오. 백팔대참회문 각 장이 끝날 때마다 그대로 합장 절을 하고 염주를 꿰면 됩니다."

108배는 중생의 번뇌가 108가지라는 데서 유래한다. 절은 하심下心이라 하여 마음을 비우는 수행법 중 하나다. 그래서인가. 줄에 염주알이 늘어갈수록 손자의 낯빛도 평온을 찾는다. 갑상선암 수술 후 쉬 지쳐 눕곤 하는 제 엄마를 위한 선물을 만든다는 아이. 그 마음도 모르고 말렸으니 답답한 할미라 여겼을 법하다.

염주를 챙겨 들고 밖으로 나오니 눈이 내린다. 산봉우리가 흰 털모자를 쓴다. 나목에 눈꽃이 피어난다. 울산 꼬마의 표정도 만개해 있다. 숙소 앞 운동장으로 이동한다. 숫

눈 쌓인 넓은 공간, 아이가 저를 따라오는 발자국과 논다. 직선을, 곡선을 그리다가 마침내 눈밭에 드러누워 온몸으로 뒹군다. 거뭇거뭇 흔적이 남는다. 그 위로 함박눈 소복하게 덮인다.

천전리 엽서

 읽고 또 읽어 모서리 닳아 나달거리는 편지 같습니다. 그걸 다시 보려 집을 나섭니다. 태화강 줄기 대곡천 중류쯤에 도형과 그림, 글이 새겨진 암석을 어떤 신라인은 서석書石이라 불렀다지요. 거기가 목적지입니다. 병풍처럼 둘러쳐진 산과 맑은 물이 중얼중얼 휘돌아 나가는 골짜기에서 오늘은 할 일이 있습니다. 미뤄왔던 일입니다.

 15도쯤 살짝 기울어진 바위가 저만치 보입니다. 마치 등 굽은 노인 같네요. 후덕한 표정으로 쉬어가라 손짓하는 듯합니다. 넓고 편편한 암벽 면이 예사롭지 않습니다. 선사인이 바위 표면에 쪼고 새긴 기하학적 문양과 쌍쌍의 동물들, 추상화된 인물도 보입니다. 먹거리를 얻기 위한 기원, 종족 번성에 대한 바람 등이 담기니 바위가 신앙이 되었네요.

나는 각석 아래쪽 3백여 자의 한자를 읽습니다. 14년 간격을 두고 새긴 붙이지 못한 두 장의 엽서. 먼저 쓴 것은 귀퉁이가 떨어져 나갔네요. 그래도 내용을 알 수 있습니다. 신라 왕족이 525(법흥왕 12년)년 여름 새벽에 서석곡을 다녀간 것을요. 입종갈문왕이 사랑하는 여인과 동행했어요. 어사추여랑이라지요.

입종갈문왕은 누구에게 이 대곡천 얘기를 들었을까요? 울산에 아름답고 신령스러운 바위가 있다는 것을요. 서라벌에서 팔십 리 길, 산 넘고 들판을 가로질러 와야 했으니 가벼운 소풍은 아니었을 테지요. 우매友妹와의 시간을 바위에 엽서로 써넣은 걸 저는 둘의 언약식으로 여깁니다. 친구이자 누이인 여인과의 사랑이 변치 않기를 믿고 또 바랐을 겁니다.

539년(법흥왕 26년)에 쓴 다른 엽서로 눈길이 갔을 땐 흠칫 놀랐습니다. 지몰시혜비가 남긴 글이었어요. 친정엄마인 법흥왕비, 아들 삼맥종과 서석곡에 왔다구요. 2년 전에 남편이 세상을 떠났는데 그가 입종갈문왕이랍니다. 법흥왕(재위 514~540년)에게는 딸밖에 없었고 딸에게 왕위를 물려줄 수 없으니 '왕의 동생과 왕의 딸'이 결혼하게 된 겁니다. 사내는 권력의 단맛을 택했네요. 어사추여랑은 얼마나 상심했을까요? 남자는 내심 자신의 선택에 후회가 없었을까요?

지몰시혜비가 먼 길을 와 굳이 엽서를 남긴 이유를 헤아려 봅니다. 어사추여랑이 사랑했던 남자의 아이를 자기가 낳았다는 보고이자, 승리자로서 여유를 누리로 싶었던 것은 아닐까요. 그날 백관이 동원되었을 테고 그 행렬의 장엄함 속에 백성들은 후광이 비치는 삼맥종을 보았을 겁니다. 그가 훗날 진흥왕으로 즉위를 합니다.

저는 엽서를 읽다가 그분 생각을 했어요. 진흥왕(재위 540~576년) 말입니다. 경주시 서악동에 자리한 선도산 고분군 중 '가장 위쪽 묘'에 다녀온 적이 있거든요. 그때는 이 사연을 몰라 화랑 제도를 처음 시작한 신라 최고의 정복 군주 정도로 기억하고 있었지요. 그런데 엽서를 읽다가 '그가 부모의 이런 사연까지 알고 있을까?' 호기심이 일었지요. '배달'이라는 단어가 내 안에서 싹트기 시작했어요. 먼저 새긴 원명原銘과 나중에 새긴 추명追銘을 배달 못 한 엽서로 인식하니 마음이 급해지더군요. 1500여 년이라니, 많이 늦었잖아요.

서석곡을 서성이다 선도산으로 출발합니다. 차로 반 시

간쯤 걸릴 것 같습니다. 머리와 가슴에 담은 사연 어떻게 전언할까요. 괜히 설렙니다. 무열왕릉 옆으로 난 조붓한 길로 접어듭니다. 깨끗하고 조용한 쉰등마을을 지나자 서악동 3층 석탑이 보이네요. 차를 세우고 몇 기의 왕릉을 지나쳐 진흥왕 무덤 앞에 섭니다. 삼국통일의 기반을 닦은 왕의 능치고는 초라합니다. 진짜 여기 계신가? 매번 의심이 듭니다. 표지판도 "진흥왕을 모신 곳으로 '알려져' 있다"라고 말꼬리를 흐렸잖아요. 하긴 신라 왕릉 대부분은 '전해져오는 것'들이 많습니다. 정확하지 않다는 뜻이지요.

제가 신경 쓰는 이유요? 배달 사고가 나면 안 되니까요. 그리고 입종갈문왕 연애사에 아들로서 보일 반응이 궁금하구요. 그냥 허허 웃고 말까요? 남자끼리는 서로 통하는 게 많으니까요. 사실 연緣이란 게 그렇지요. 억지로 맺으려 한다고 되는 게 아닙니다. 운명의 힘이 끌어줘야 사랑의 매듭이 지어진다고 저는 믿거든요.

거기 계신 거 맞죠? 마지막으로 다른 얘기 조금 덧붙일게요. 그 옛날 신령스럽게 여겼던 서석을 요즘은 천전리 명문과 암각화라 부른답니다. 옛사람들이 바위에 남긴 삶의 흔적이 기록 가치로 인정돼 세계문화유산으로 등재되었어요. 낡아가는 엽서를 더 많은 이들이 보게 될 거예요. 당신 부모님이 멋진 유산을 남겼네요. 이 명문은 6세기 신라 사회의 정치구조와 왕실 내부의 근친혼 사례 같은 것도 알 수 있어 역사적 의미가 크답니다.

어느 때고 기회 되면 다녀가세요. 천전리 엽서 보러 저도 자주 들르겠습니다. 바위가 한자리에서 천년 풍상을 견디듯 인간의 사랑도 그랬다면 역사는 다르게 기록되었을 겁니다. 당신같이 명석한 군주도 태어나지 않았겠지요. 사랑의 역사라는 것도, 과거에 그랬듯 그렇고 그렇게 흘러갈 것 같습니다. 인간은 이기적인 선택을 하기 쉬우니까요.

두 장의 엽서를 읽고 나도 글을 남깁니다. 감히 바위에 새길 수 없어 지면에 씁니다. 이 〈천전리 엽서〉가 왕릉이 즐비한 선도산으로 배달되는 바람을 품습니다.

숨은 도둑

내 집을 꼼꼼히 둘러본 그가 말한다. 집안에 교묘히 터 잡은 놈이 있다고. 지금은 존재감을 감추고 있으나 여차하면 나설 태세란다. 어물쩍대면 낭패를 당할 수도 있단다.

건강검진센터 상담의가 한 조언이다. 그가 종합검진 결과지 여기저기에 빨갛게 체크했다. 육십 년 사용한 몸 상태가 겨우 낙제를 면했다. 운동 부족에, 입맛 당기는 대로 먹으면서 건강을 낙관한 무지를 들켰다. 부끄러움과 후회가 교차하는 표정의 나에게 한마디 더 보탰다. 호흡기내과에도 꼭 가 보라고.

"가족력 없어도 감염률이 높아요. 대부분의 사람들이 감염 사실을 까맣게 모르고 삽니다. 건강하면 증상이 나타나지 않으니까요. 전염도 되지 않습니다."

대학병원을 찾았다. 의사가 잠복결핵에 대해 설명했다. 몸에 면역력이 떨어져 발병할 때 비로소 알게 되는 병이라서 노인에겐 치명적이라 했다. 나도 질병에 노출되기 쉬운 나이라 치료를 피해 갈 수 없었다.

3개월간 약을 먹되 2주마다 피검사를 받는 일정이 시작되었다. 결핵약인 리팜피신과 이소니아지드를 복용하면 간독성이 생기기 쉽다. 간 수치가 올라가면 약을 바꿔야 한다. 그러면 치료 기간이 2배, 3배 길어진다. 난 잘 견뎌내 놈의 존재를 얼른 뿌리 뽑고 싶었다.

우리나라 국민 셋 중 하나는 몸속에 결핵균을 보유하고 있다는 통계다. 기침 같은, 눈에 띄는 결핵 증상을 보이는 생동성 환자와 접촉하면 도둑과 동거할 확률이 높아진다. 잠복결핵은 체내에 존재하는 균이 소수지만 발병하면 건강이 위협받는다. 도둑이 분탕질 칠 때 뒷덜미를 잡아채지 못한 소설가 김유정, 이상의 젊은 죽음을 나는 오래 안타까워했다. 내가 좋아하는 작가 도스토옙스키, 조지 오웰, 카프카도 폐결핵으로 사망했다.

'아침 식전 30분' 약 복용법을 철저히 지키며 두 주가 흘렀다. 진료 예약일이 되어 병원을 찾았다. 원무과 앞은 접수자와 입, 퇴원 환자들로 장터 같았다. 내 차례를 기다리며 하릴없이 사람 구경을 했다.

원무과 직원에게 눈길이 갔다. 내가 창구에 설 때마다 느꼈던 게 있다. 상대 직원의 무표정한 얼굴과 빠르고 건조한 말투에 긴장했다. 혹여 제대로 알아듣지 못해 다시 묻게 될 상황이 싫었다. "예?"하며 재차 설명을 원했을 때 눈과 손은 다른 작업을 하며 입으로만 상대했다. 하찮은 존재가 된 기분…. 그때 옆 창구에 섰던 사람과 눈이 마주쳤다. 씁쓸한 미소가 서로 오갔다.

의료진이 아님에도 내원한 사람이 반드시 만나야 하는 이가 원무과 직원이다. 몸이 아프면 마음까지 나약해지고, 환자를 가족으로 둔 사람도 심신이 예민하긴 마찬가지다. 창구 사람들은 생각해 보았을까? 본인이 때때로 방문객의 자존감을 훔치는 작은 도둑이란 걸.

"아버지 가만히 좀 앉아 계세요!"

허스키한 여자 목소리가 훅 튕겨 오른다. 퇴원 수속을 밟던 중년 여인이 뒤를 돌아보며 미간 주름을 깊게 잡는다. 여자의 시선은 피 주머니를 찬 노인에게 향해 있다. 어디가 불편한지, 아님 화장실에 가고 싶은 건지 앉았다 섰다를 반복하던 노인이 멈칫한다. 나는 병상에 계시던 아버지를 보는 것 같아 노인의 보호자가 누군지 궁금하던 참이었다. 못마땅한 눈빛을 여자에게 던진다. 그러다 얼른 눈을 내리깐다. 나는 뭐가 다르다고. 비난의 화살이 안으로 향한다.

아버지가 급성혈액암으로 대구의 큰 병원에 입원하게 되었을 때였다. 오빠와 나, 남동생은 기차로 오가며 교대로 병상을 지켰다. 아버지 몸은 수시로 열이 올랐다. 밤에도 긴장 상태였다. 발열 체크 후 몸을 닦아 체온을 내리게 하고, 분비물 주머니 속 체액 용량을 매시간 기록하고, 기저귀를 갈았다. 한 달쯤 지나자 시커먼 갈망이 고개를 들었다. 아버지가 죽음과 사투를 벌이는 중에도 내게 밀려오는 고통에 집착했다. 참았던 말을 오빠에게 꺼냈다. 간병인을 쓰면 안 되겠냐고.

안절부절못하는 아버지를 닦달하는 여자가 몇 해 전 내 기억을 깨웠다. 두 달 병상에 계시던 아버지를 떠나보낸 뒤에야 이기적인 자신을 돌아본 나. 그전까지는 스스로가 자식 된 도리를 잘하고 있다는 착각을 했다. 내 안의 도둑에게 휘둘린 후부터는 후회를 보태지 않으려 한다. 하지만 어느 순간 망각하고 오점을 찍는 일상이다. 이번에는 잠복결핵이 머물다 갔다. 앞으로도 무수히 낯선 도둑과 만나게 될 게 자명하다. 내 안에 도둑이 든다는 건, 수시로 자신을 점검하면서 살라는 뜻이다.

복약 마침표를 찍는 날이다. 진료 후 의사에게 감사 인사를 드리고 원무과 창구에 선다. 전에 없이 상냥한 목소리가 건너온다. 청구액이 0원이다. 잠복결핵 감염 치료비 지원사업이란 게 있어 진료비도, 검사비도, 약값도 낼 필요가 없던 날들. 우리나라에 결핵 발생률이 높아 국가적 지원을 하기 때문이다.

숨은 도둑이 폐에 흉터를 남기고 갔다. 그래도 홀가분한 기분이다. 병원 앞 가로수 길을 걷는다. 벚꽃이 꽃망울을 터뜨리는 봄날이다.

그의 배역

―――――――

 어디서 불어온 바람인가. 고요한 나무를 뒤흔들고 멀어진다. 11월의 초입, 마당에 단풍잎이 낭자한 사찰로 들어선다. 휴식형 템플스테이를 신청해 오는 길이다. 종무소에 들러 예약된 방을 확인한다. 머물 동안 입을 법복을 받는다. 회색 조끼와 항아리바지다. 내가 어디에 있는지를 자각시키는 옷이다. 자연석 기단 위 한옥에 적묵당寂默堂이라 적혀 있다. 말없이 명상하라는 뜻을 새기며 방에 든다.

 한 남자를 만나러 부여 무량사까지 구백 리 먼 길을 왔다. 중층의 극락전 왼편 언덕에 자리한 영정각부터 걸음한다. 김시습(1435~1493) 본인이 그렸다는 반신상을 본다. 야복野服에 구슬갓끈 달린 패랭이 모양의 모자를 쓰고 있다. 형형한 눈빛에서 읽히는 분노, 눈썹과 눈썹 사이에 '心심'자 모양의 주름까지 불끈대는 것 같다. 입은 꽉 다물었는데 내 귀가 그의 목소리를 듣는다.

"네 모습은 지극히 약하며 네 말은 분별이 없으니, 구렁 속에 빠져 마땅하다."

자화상을 그린 뒤 남긴 찬문이 모질다. 수양대군이 조카 단종의 왕위를 뺏은 계유정난은 김시습에게도 쓰나미가 되었다. 왕도정치를 꿈꾸며 학문에 정진하던 스물한 살 사내의 운명을 바꿔놓았다. 불의와 타협할 수 없었던 그는 통곡했다. 책을 모두 불살랐다. 머리 깎고 방랑을 시작했다. 초상화가 인물의 내면까지 잘 담아야 걸작이라면 이 작품도 그 범주에 들 것이다.

고교 시절 최초의 한문소설집 『금오신화金鰲新話』를 배울 때 김시습 초상화를 처음 접했다. 미간에 골 깊은 주름이 그의 삶을 대변하는 것 같았다. 거친 이미지가 철없는 소녀에게 연민의 감정을 불러냈다. 그의 미간이 내 마음에 남았다.

대화할 땐 상대편 눈을 본다. 미간도 한눈에 들어와 인상을 좌우한다. 내 얼굴엔 '川천' 자가 깊다. 남편과의 갈등, 경제적 어려움, 맞벌이의 고단함 등 견디기 벅찼던 시간이

골 깊은 물무늬를 그려냈다. 그러다 흰머리가 늘어가던 어느 날 거울 속 나를 보고 멈칫했다. 한 남자의 미간이 얼비쳤다. 川자 위에 心자가 겹쳤다. '살아온 날의 지문'은 동병상련의 친근감을 더하게 했다.

경주 금오산 자락 용장사지에 여러 번이나 올랐다. 서른한 살의 김시습이 『금오신화』를 썼다는 장소다. 작품 속 등장인물은 귀신, 염왕, 용왕 같은 비현실적 존재다. 「용궁부연록龍宮赴宴錄」의 한생과 「남염부주지南炎浮洲志」 박생을 통해 나는 작가의 소망을 슬쩍 엿봤다. '글에 능한 한생이 꿈속에서 용궁에 초대돼 상량문을 지어주고 환대'받는다거나, '꿈에 박생이 남염부주의 염왕과 문답하는데 박식함에 감동한 왕이 박생 사후 남염부주의 왕'이 되게 한다는 스토리가 전개된다. 문장과 학식이 뛰어나도 세상에 널리 쓰이지 못한 아쉬움이 소설을 통해 발산되었다. 묘비에 "꿈꾸다 죽은 늙은이"라 써달라 한 심정을 알 수 있는 부분이다.

선비인 듯 스님인 듯 전국을 떠돌던 남자가 마지막으로 아픈 몸을 의탁한 곳이 무량사다. 몇 개월 앓다가 오십구 세에 입적한다. 김시습 묘가 이 사찰에 있어 나는 하룻밤

유숙을 결정했다.

영정각을 거쳐 천왕문 아래 있는 부도에 이른다. '5세 김시습의 묘五歲金時習之墓'라 쓴 비석도 있다. 신동으로 불린 그가 다섯 살 때 세종 앞에서 재주를 뽐냈다는 일화가 생각난다. 김시습이 단종을 보필하며 새 역사 쓸 기회가 주어졌다면…. 부질없는 가정을 해보다 이내 털어버린다.

"험하고 외진 곳이기 때문에 백 년이 지나도 나를 귀찮게 할 관리 하나 없을 것이다."

그가 생을 마감하기 적합한 장소로 무량사를 점 찍은 이유다. 영면을 방해할 의도는 없으나 자석에 끌리듯 온 것 이해하시라 고개 숙인다. 부도 옆에 쪼그려 앉는다. 주중 오후 시간대라 방문객이 거의 없다. 사위가 조용하니 바람조차 잦아든 느낌이다. 극락교 아래를 지나는 물소리가 한가롭다.

인생의 무대에서 우리 모두는 배우다. 감독은 우연偶然이다. 어떤 작가는, 우연을 두고 잔인함과 자비심이 가득한 감독이라 표현한다. 김시습에게 주어진 배역은 피지도 못하고 시들었으므로 잔인했다. 그래도 당사자는 충실히 임했다. 미간에 남은 흔적은 애써 견뎌냈음을 보여주는 자국이다. 김시습이 세상을 떠난 지 오백삼십 년이 넘었다. 그가 아직도 무대 위의 현역임을 깨닫는다. 사람들이 기억하는 한 사랑받는 배우다.

숙소로 걸음을 옮기는데 생각이 많다. 타인의 미간에 무심할 수 없다는 건 내 것에 신경이 쓰인다는 뜻이리다. '그래, 우리가 맡은 배역은 힘들었지'라고 위로를 주고받고 싶었던 것일까. 나는 애써 눈썹 사이를 펴며 그림문자를 지워본다.

몸난감

아이들이 도로에 나란히 앉는다. 앉은 채 소리가 없다. 무슨 종류의 유희인지…. 5분 후에 하나둘 일어선다. 제각각 대변을 한 무더기씩 누었다.

이상의 수필 「권태」 속 한 장면이다. 농사짓는 부모는 바쁘고 언니 오빠도 놀아주지 않는데 장난감조차 없어 심심했던 꼬마들이 응가놀이라는, 기발한 유희를 찾아낸다. 몸이 놀이감이 되는 순간이 신기하고 재미나다.

유치원에 가지 않는 날이면 다섯 살짜리 외손자가 영상통화를 걸어오곤 한다. 노란색 애착 이불을 껴안은 채 "빨리 와!"라며 떼를 쓴다. 맨날 보는 텔레비전과 장난감은 식상하고 엄마는 젖먹이 동생에게만 매달려 있다. 가장의 무게를 어깨에 멘 아빠는 오늘도 부재중이다. 내가 간들 무슨 재미가 있으랴만 기분을 풀어주려고 집을 나선다. 녀석이 현관문 열리는 소리에 귀 기울이고 있을 모습이 눈에 선하다.

외손자의 방은 장난감나라다. 주방놀이와 공구놀이세트, 크고 작은 자동차와 로봇, 블록과 퍼즐 등등 놀거리가 지천이다. 아이들의 흥미란 게 유통기한 짧은 식품 같아 부모가 자주 지갑을 연 흔적이다. 그나마 변신 로봇이나 베이블레이드라는 팽이놀이는 또래 사이에 유행이라 아직 애지중지한다. 나더러 둥근 베이블레이드 판을 꺼내와 게임을 하잔다. 나는 놀이에 응하는 척하면서 딴궁리를 한다. 장난감 없이 아이와 한판 놀아보고 싶다.

제 팽이가 이겼다며 신이 난 녀석에게 다른 놀이도 해보자며 엄지손가락을 내민다. 고사리손이 내 손을 잡는다. 엄지씨름에 들어간다. 서로 기회를 엿본다. 아이가 유연함을 이용해 손가락을 뒤로 젖혔다가 순간적으로 공격한다. 만만찮은 대응에 실수인 양 슬쩍 엄지를 접는다. 아이가 손가락을 내리누르자 "또 졌네~"속상한 척한다.

닭싸움을 한다. 유치원서 배웠다며 한쪽 다리를 잡고 콩콩 뛴다. 녀석은 전투적이다. 태권도로 몸이 단련되어서

물 만난 개구리와 다름없다. 술래잡기판에서는 꼬마가 먼저 숨겠다며 냉큼 달아난다. "어디 있지~, 어디 있나~" 찾는 척하면서 놀이가 벅찬 나는 잠깐 숨을 돌린다.

장롱문 소리가 들렸으니 분명 거기에 있을 터. 살금살금 다가가 문을 활짝 열어젖힌다. 쪼그려 앉았던 꼬마가 엉덩방아를 찧는다. 무안하고 속상한 아이가 눈물바람을 하는데 마침 간식 먹자는 소리가 주방에서 건너온다. 작은 몸을 안아 올린 나는 예전처럼 어부바를 해 준다.

샌드위치를 한입 깨무는 손자에게 물었다. 장난감 갖고 노는 것과 지금처럼 몸 쓰는 놀이 중 뭐가 좋냐고. 아이는 제 몸을 툭툭 쳤다. "몸난감이 좋아?"라고 내가 반문하자 아이는 "장난감?" 이렇게 되물었다. 몸을 써서도 잘 놀 수 있었으니 할머니 마음대로 '몸난감'이라 이름 지었다고 했다. 녀석이 엄지를 척 세우며 흔들었다.

측은한 마음이 슬쩍 끼어든다. 몸난감은 장단 맞춰 줄이가 있어야 하지 않은가. 한데 가족도, 친구도 어울리기가 여의치 않은 환경이다. 어른들은 어른대로 할 일이 많고, 아이들도 나름 불편한 상황이다. 밖에서 놀자니 차 사고 위험과 범죄 노출 가능성 때문에 보호자가 필요하다.

집안은 층간소음 문제로 뛰어놀 환경이 되지 못한다. 이런 환경이 아이들로 하여금 장난감을 찾게 한다.

  사실 꼬마들도 놀 시간이 별로 없다. 손자의 경우, 유치원 수업이 끝나면 태권도 학원 차가 기다린다. 운동 후 귀가하면 오후 6시다. 금요일까지 이 일과가 반복된다. 아이가 저녁 숟가락을 놓고 텔레비전이라도 좀 볼라치면 졸음이 쏟아진다. 녀석이 심심하다는 건 어른 뜻대로 정하는 시간표의 한계점에서 오는 결과다. 이런 환경이 스스로 놀 줄 모르는 아이를 만든다.

  그래도 가끔 몸난감을 활용하는 아이를 볼 때가 있다. 아기가 스스로 일어나 앉을 수 있을 때쯤 음악 소리에 자동인형처럼 몸이 반응한다. 머리를 끄덕이거나 팔을 흔들고, 살랑살랑 엉덩이가 리듬을 탄다. 소리에 집중한 표정은 말간 호수 같다. 걸음마 할 즈음의 춤은 다리 털기 같은 율동이 보태지고, 서너 살 무렵엔 춤이 제법 꼴을 갖춰 볼 만하다. 인간은 태생적으로 흥을 소유한 존재임이 분명하다. 아이가 부끄러움에 눈을 뜨게 될 때까지 이 사랑스러운 공연은 죽 이어진다.

  돌쟁이 외손녀의 춤을 본다. 짝짜꿍과 도리도리와 잼잼

이를 한다. 앉아서 할 때보다 서서 할 때 좀 더 적극적이다. 몸을 좌우로 흔드는 동작이 보태진다. 이것을 나는 운동춤이라 부른다. 아기의 몸짓 하나하나가 운동기능을 발달시키고 근력을 키우는 바탕이 되기 때문이다.

손주들과 내가 해온 몸 놀이는 곤지곤지나, 아가의 작은 입에 살짝 손바닥을 댔다가 떼면서 "아~아~아~" 소리를 내라고 하는 동작, 그리고 손바닥에 아기를 세운 채 섬마섬마 하면서 반대편의 손을 빼는 균형 잡기 놀이다. 부모 세대에게서 배운 것들을 무심히 답습해 왔다. 그러다 최근에 단동십훈檀童十訓이라는, 단군시대부터 구전되어 온 우리 전통 육아법이 있다는 걸 알게 되었다. 나도 모르게 그걸 해오고 있었다는 사실이 신기했다. 아이들이 위험한 행동을 할 때 어비어비라 제지하는 말도 단순한 몸짓 언어가 아니었음도 확인했다.

도리도리道理道理, 곤지곤지坤地坤地, 어비어비業非業非를 살펴본다. 도리에 맞게 살고, 음양의 조화를 이루며 덕을 쌓고, 이치에 맞지 않는 행동을 삼가라 하는 등의 가르침이 들어 있다. 십훈十訓 하나하나가 알지만 몰랐던 것들이라 새롭고, 조상들의 지혜와 사랑이 돋보여 숙연해졌다.

스킨십을 하고 상호작용을 하는 놀이가 자녀들을 정서적으로 안정시켜 준다고 한다. 그런 의미에서 어른들의 역할과 책임을 돌아보게 되는 하루하루다. 나는 손녀와 앉아 십훈 중 마지막 것을 해본다.

아이의 양쪽 팔을 잡고 함께 춤을 추듯 흔든다. 몸난감 놀이에 흥이 난 아기가 파닥댄다.

질라비 훨훨의疾羅腓 活活議

어떤 질병도 오지 않고 활기차게 살라고 나는 진심으로 빌고 또 빈다. 이 모습이 재미나 보이는지 손자도 따라한다.

바람

 다리에 화분花粉을 잔뜩 묻힌 일벌 한 마리가 바닥으로 떨어진다. 당황한 날갯짓이 거듭될수록 몸은 흙고물로 범벅이 된다. 얼마나 지났을까? 더 이상 움직임이 없다. 숨이 떨어진 순간 사물로 전락한 벌. 건들바람이 달려와 끌고 간다.

 사람이 머물다간 간 자리도 마찬가지다. 쉬 지워진다. 너와 내가 없어도 지구는 변함없이 돌아간다는 사실이 슬프지 않니, 친구가 농담처럼 말한 적이 있다. 삶을 잃은 자는 아무것도 알 수 없다는 생각이 스쳤다. 그런데 "응 그럴 것 같아"라고 답했다.

 한 사람의 생이 끝난다는 건 개별적이다. 그러나 존재의 상실로 인한 슬픔까지는 그러하다고 동의할 수 없다. 올봄 어머니가 '새' 이야기를 들려줬다. 나는 가족들이 그리움으로 가슴을 옥죄며 살아왔음을 확인했다.

구정 무렵 시작된 참나무 벌목은 두 달간 지속되었다. 일손 살 여유가 없어 노모와 50대 아들 삼 형제가 그 일을 해냈다. 표고목으로 쓰기 위해 1미터 20센티 정도로 잘라 낸 나무는 무거웠다. 백 킬로그램이 넘는 것도 적잖았다. 한 사람이 전기톱으로 나무를 잘라내면, 그걸 힘겹게 산 아래로 옮겼다. 밑에서는 나무를 트럭에 실었다. 한 차 채워지면 농장으로 운반했다. 중노동이었다.

기온이 영하로 떨어진 숲에서 노인이 장시간 버티는 건 쉽지 않은 일이었다. 감기 걸릴까 봐 집에 계시라 해도 어머니는 고집을 꺾지 않았다. 언 손으로 전기톱 작업을 하면 감각이 둔해져 톱날에 다칠 수 있고, 쓰러지거나 꺾인 나뭇가지도 위험했다. 노모는 잔소리꾼 역할을 하려는 거였다. 조심하라 당부 또 당부했다. 보온병에 담아간 차를 건네며 작은 온기라도 되고자 애썼다.

나는 일기예보를 주시했다. 눈이 내린다거나 한파 예보가 있으면 시골로 전화를 걸었다. 눈길이나 빙판길에 차가 미끄러질까 걱정이 컸다. 1톤 트럭으로 백 번 나무를 실어

날라야 얼추 일이 마무리된다고 했는데 달력이 3월로 넘어가도 '진행 중'이었다.

"전기톱 소리가 들리자 그놈이 또 날아왔어. 오늘은 땅에 내려앉더라."

배 부분이 희고 얼굴 주변은 붉은색 깃털의 새 이야기였다. 어머니는 나무 베는 작업이 시작될 무렵부터 끝나는 날까지 작은 새가 찾아왔다고 했다. 아침에 산에 올라 전기톱을 쓰면 기다렸다는 듯이 날아와 일터를 맴돌았다. 처음엔 우연인가 했다. 녀석이 매번 나타나자 기다리게 되었다. 새가 가까운 나뭇가지에 앉아 꼬리를 까딱대면 다들 일손을 멈추고 함박웃음을 지었다.

새는 산을 옮겨 다녀도 따라왔다. 어머니가 의미를 두기 시작했다. 가까이서 보니 큰딸 폐백 때 화장한 모습과 닮았다고 했다. 가족들이 위험한 일을 하니까 새가 되어 지켜준다고 여겼다. 나 역시 그 환생을 믿고 싶었다. 낯선 새는 언니가 되고, 누이가 되었으며, 어미의 딸로 가슴에 들어앉았다.

벌목이 마무리되자 버섯 종균 넣는 일을 도우러 시골에 갔다. 새의 안부를 물었다. 농장까지 오지는 않더라고 했다. 못 봐서 아쉬웠다. 하지만 새의 방문으로 즐거운 노동이 되었다면 그것으로 충분한 선물이었다.

어머니는 오래전 엄명을 내렸다. 부모 형제 가슴에 못 박고 떠난 못된 년의 무덤을 아무도 찾지 말라고. 그런데 새를 통해 딸을 봤다는 건 가슴에 묻어둔 상처를 열어 보인 거였다. 스물네 해가 흐른 뒤에야 묘지 방문을 하게 된 건 그 말을 진심이라 믿어버린 자식들의 우둔함 때문이었다. 맏딸이 보고 싶어도 누군가가 데려다주길 기다려야 했으니 얼마나 답답했을까.

어머니는 비바람에 풍화된 묘비를 딸인 양 보듬으며 오열한다. 나는 보고 있기 힘들어 돌아선다. 산등성이 따라 빼곡하게 들어찬 묘가 눈앞에 펼쳐진다. 공원묘지엔 망자를 찾아온 이들이 꽃을 놓거나 술을 올리는 모습이 보인다. 그리움이 만들어 낸 풍경이다. 언니 생각이 날 때마다 속으로 부르던 노래, 〈천 개의 바람이 되어〉*를 웅얼거린다.

> …제발 눈물을 멈춰요/ 나는 그곳에 없어요/ 죽었다고 생각 말아요// 나는 천 개의 바람 천 개의 바람이 되었죠/ 저 넓은 하늘 위를 자유롭게 날고 있죠

---

* 한 인디언 부족의 기도문에서 나온 가사.

언니가 보고플 때 새의 모습으로, 또는 바람이 되어 함께 있다 믿으면 슬픔이 덜어질 것 같다.

눈시울이 붉어진 어머니 옷자락이 펄럭댄다. 백발을 흩트려 놓는 바람의 손길이 거칠다. 조금만 더 있다 가라고 떼쓰는 언니의 손길인가.

"다시 오마."

"또 올게."

따라오는 바람이 등 뒤에서 위로한다. 날 위해 울지 말라고.

압화

 작년 가을 여행 때 그곳에 들고 갔던 시집을 찾는 중이다. 표지는 겉껍질만 벗긴 쌀의 엷은 노란색과 비슷한 느낌이다. 시집치고는 두께가 있어 은행잎 끼우기 좋았던 기억이 난다. 눈길이 책장 맨 아래쪽에 가 닿는다. 손을 내민다.

 책장을 넘긴다. 시간이 다림질한 은행잎 몇 장 팔랑팔랑 떨어진다. 잎자루가 겹치게 내려앉은 마른 잎이 마치 나비 같다. 그날, 널뛰기하던 밤바람에 놀라 일제히 날아오르던 노랑나비 떼의 기억이 일어선다. 순간 별똥별처럼 '언니'라는 단어 하나 의식을 가른다.

 지난해 가을 의성 고운사를 보고 거기서 1.5km 떨어진 최치원 문학관으로 이동했다. 이 지역과 고운 선생의 인연을 돌아보게 하는 게스트하우스에 들었다. 오 년 전 오색 단풍 물든 고운사 영상을 본 후부터 발걸음하게 되었다. 매해 1박2일 내가 머무는 힐링 장소다.

은행나무 길 끝에 앉은 고운사는 사하촌이 없다. 주변 풍경에 군더더기가 없고 적요한 이유다. 잎 모양이 오리발을 닮은 압각수가 그림자마저 노랗게 물들이는 향연도 무척 마음을 끈다. 울산에서 두 시간 거리가 가깝게 느껴질 만큼.

내가 여고 졸업반 때 이십 대 중반이었던 언니의 시간이 이곳에서 멈췄다. 가난한 세탁소집 맏딸은 학교 성적도 예술 재능도 뛰어났다. 이런 딸의 앞을 가로막은 건 빈곤보다 아버지의 고지식함이었다. 지지바가 살림이나 할 줄 알면 되지 공부가 다 뭐냐, 말하는 벽엔 귀가 없었다. 언니의 시선은 찌든 엄마의 일상에도 닿았다. 남루한 여자의 일생이라는 판단…. 외로운 구름孤雲 한 조각 등운산 기슭에서 별이 되었다. 나는 오랫동안 고운사를 쪽으로 고개조차 돌릴 수 없었다.

신라인 고운孤雲은 6두품이라는 신분적 한계 때문에 12세에 당나라로 유학 간 인물이다. 빈공과에 급제한 최치원은 관직에 있다가 당唐이 혼란기에 접어들자 귀국했다. 29세였다. 고국에서 능력을 발휘 기회를 엿봤으나 골품제에 묶이고, 귀족들의 시기와 견제로 좌절되었다. '외로운 구름'은 등운산으로 흘러들었다. 고운사에 잠시 머물며 숭려 여지 등과 우화루와 가운루를 짓고 사찰 중창에 힘썼다.

천왕문에 들어서면 계류 위에 걸터앉은 건물이 보인다. 정면 5칸 측면 3칸의 크고 당당한 느낌의 2층 누각 가운루駕雲樓다. 남측면 판문이 출입구다. 안에서 보면 동향으로 계자 난간이 시원하게 트여있다. 서향한 판장문에서는 내가 걸어들어온 계곡 옆길이 보인다. 높이가 아찔하다. '구름 위에 올라탄' 누樓 이름 그대로다.

후대에 여러 차례 중수된 가운루가 최근에 국가지정문화유산 보물로 확정되었다. 기존 사찰 누각과 다른 독특한 구조이고, 조선 중·후기에 유행한 건축 양식이 잘 남아 있어 예술적, 학술적 가치를 인정받은 거였다. 나는 이 유적이 잘 관리 보존되어 후손들이 오래 볼 수 있길 바랐다.

올봄 산불이 발생했다. 화마는 경상북도 안동과 청송, 영양, 영덕까지 집어삼키며 일주일가량 날뛰었다. 산야와 마을이 타고 사람들이 생명을 잃었다. 고향이 안동인 나는 조마조마한 심정으로 뉴스를 지켜봤다. 봉정사 아랫동네 산자락에서 버섯재배장을 하는 친정, 그 일터가 지켜지길 기도했다. 다행히 위기를 넘겼다는 소식에 가슴을 쓸어내렸다.

불이 꺼지고 열흘 만에 고운사에 갔다. 차를 타고 은행나무 길을 지나다 최치원 문학관을 봤다. 폭삭 내려앉은 건물, 마음도 무너져 내렸다. 앞으로 보게 될 풍경이 상상되어 두려웠다. 그러다 상상과 다를지 모른다며 가속 페달을 밟았다.

수백 년이 된 고목들의 숲, 사찰 진입로부터 까맣게 그을린 나무들이 즐비했다. 가을이면 화려한 단풍으로, 찾아오는 시기가 좀 늦으면 왜 이제 왔냐는 듯 마구 낙엽을 던지던 활엽수들이 가쁜 숨을 토해내는 소리가 들렸다. 무례한 인간은 위로도 조문도 없이 경내로 들어갔다.

재가 된 건물과 깨진 기왓장, 흙더미가 뒤엉켜 있었다. 계곡 바닥엔 누를 받히던 초석만이 내가 즐겨 찾던 장소임을 증명했다. 걸음을 멈추었다. 이젠 눈을 감아야 볼 수 있는 가운루다. 잡을 수도 되돌릴 수도 없는 시간 앞에서 나는 겸허해졌다.

고운사의 추억을 압화로라도 간직하고 싶다. 코팅해 책갈피로 쓰려고 떨어진 은행잎을 주워 든다. 바사삭 마른 잎이 조각나 버린다. 추억 속 나비마저 떠나보낸다. 옅은 노란색 시집에 손을 얹고 눈을 감는나. 은행잎 하나 놓아나 손을 흔든다. 그리움이 다져낸 내 가슴속 압화다.

귀가

오른쪽 무릎 관절경 수술을 받고 5인 병실에 입원했다. 발목부터 허벅지까지 부목을 대 놓아 몸이 뻗정다리에 갇혔다. 밤에는 더 견디기 힘들었다. 불을 켜거나 부스럭대면 다른 환자에게 불편을 끼칠 게 뻔했다. 통증에 전전반측하며 견딘 지 아흐레를 넘겼다. 억지로 눈을 감고 누우면 마음은 한 곳으로만 향했다.

불면의 밤조차도 즐길 수 있는 내 집에서라면 전등을 낮같이 밝히고 책장 앞에 설 것이다. 욕심스럽게 사놓은 도서 중 얄팍한 것을 골라 단숨에 읽어내리라. 그리고 컴퓨터를 켤 것이다. 글의 퇴고 작업은 집중력을 요하는 만큼 시간의 징검돌을 건너뛰기가 쉽다. 글과 씨름하다 여명이 나래를 펴면 거실로 나가리라. 무지근해진 목과 어깨를 풀어주면서 고개를 한껏 젖혀 하늘을 볼 것이다. 새벽하늘을 수놓는 떼까마귀의 군무, 시시때때 모양을 바꾸는 수묵화 연작을 보는 듯한 재미가 쏠쏠하리라. 그렇게 눈을 씻다가 나른한 몸을 소파에 기대면 어느 순간 까무룩 멍석잠에 빠져들지도 모른다.

잠을 청할수록 명료해지는 의식 한편에서 갑자기 아버지 목소리가 되살아났다. "집에 가자." 두 달가량 병상에 계시면서 매일 아이처럼 졸랐다. 건강이 좀 나아지면 돌아갈 수 있다고 나는 앵무새처럼 답변했다. "내가 내 집에 간다는데 왜 안 되노!" 짜증이 폭발해 식사마저 거부하신 아버지. 나는 의료진과 얘기해 보겠다고 둘러댔을 뿐 그 바람을 진심으로 헤아리려 하지 않았다. 그런데 내가 귀가에 대한 갈망을 앓으면서 그때의 아버지를 이해하게 되었다.

4년 전 겨울 친정에 다니러 간 내게 아버지가 피부 상태를 내보였다. 이마와 목에 동글 납작한 알약 같은 게 올록볼록 올라와 있다며 이게 뭐 같냐고 했다. 심상찮다는 생각이 들어 등과 가슴까지 살폈다. 놀라서 헉 소리가 절로 나왔다. 내 반응에 아버지가 옷을 끌어내렸다. 가렵거나 아프지 않다면서.

싫다고 버티는 아버지를 설득해 집을 나서기 쉽지 않았다. 두드러기 났을 뿐이라 여기고 계셨으니까. 사실 식사도 잘하시고 버섯농장 일도 무난히 해내시는 상황이라 별일 아니라 믿고 싶었다. 그런데 아버지가 X-레이를 찍다가 갑자기 의식을 잃었다. 피검사를 했다. 대구의 큰 병원으로 이송되었다. 혈액 종양을 치료할 수 있는 시설이 갖춰진 곳으로 보내진 거였다.

급성혈액암을 진단받은 후 병의 진행에 가속도가 붙었다. 산소호흡기를 끼고 소변줄을 달기까지 며칠 걸리지 않았다. 백혈구 수치가 바닥을 치면서 고열에 시달렸고, 입 안이 백태로 덮이면서 음식 삼키기도 어려워졌다. 기저귀까지 차게 되자 절망한 아버지가 곡기를 마다했다. 그러면서 집으로 돌아가면 버텨낼 힘을 얻을 것만 같다고 귀가에 집착하셨다. 사실 당신의 속내엔 다른 그림이 들어 있었다. 삶의 마침표를 찍고팠던 장소, 그곳이 집이었다.

아버지는 칠순 무렵 빈손이 되었다. 집 담보 대출금을 갚지 못했다. 남의 문중 땅을 관리해 주며 거기 딸린 촌집에서 십 년을 살았다. 근근이 모은 천여만 원은 간 파열 사고를 당해 병원비로 다 썼다. 기적처럼 건강은 회복했다.

하지만 최씨 문중에서 땅을 판다며 집을 비워달라는 통보를 받았다.

나는 부동산에 들락거렸다. 내 주머니 사정과 한옥에 익숙한 부모님 상황을 절충해 30평 대의 집을 구매했다. 둥지를 잃고 고단한 세월을 보냈던 아버지가 스무 해나 묵은 누옥에 든 감상은 짤막했다. 이 집에서 눈을 감고 싶다는 거였다.

대학병원에서 환자에게 더 이상 해 줄 게 없다며 손을 놨다. 아버지는 처음 암을 진단했던 동네 병원으로 돌아왔다. 고향에 들자 아버지의 '집앓이'가 잦아졌다. 몸에 생긴 게 두드러기라며 병원에 가던 날 아버지는 그저 가벼운 외출을 한 거였다. 그런데 병원에 발이 묶여 버렸으니 어떤 방식으로든 정든 집과 이별할 기회가 필요했다.

나들이로 생긴 문제는 가족이 책임진다는 동의서에 서명 후 의사에게 외출 허락을 받았다. '환자 컨디션 좋은 날 두 시간'이 허용되었다. 이 소식을 들은 아버지의 낯빛이 홍조를 띠었다. 병원 밖에 나간다고 해도 맏아들 등에 업혀 조붓한 마당을, 마루를 거쳐 안방을, 고명딸이 친정에서 자고 가던 방을 그저 눈도장 찍듯 둘러볼 수밖에 없었다. 하지만 순간순간 눈 셔터를 눌러 기억의 저장고를 채워간다면 추억을 퍼 올리는 마중물이 되어줄 순 있을 거였다. 조마조마한 심정으로 환자의 상태를 보고 있던 날 불청객이 와버렸다. 아버지가 심장마비로 세상을 떴다.

목발을 짚고 보름 만에 정형외과를 나선다. 두 손이 겨드랑이에 낀 목발을 잡고 아픈 다리의 보행을 돕지만 반보씩 전진을 할 뿐이다. 하지만 마음은 저만치 달려 나가 자유를 들이켠다. 입원 기간 동안 코로나19 방역 문제로 환자는 병원 밖 출입이 허용되지 않았다. 그랬기에 바깥 공기는 더 달콤했다. 나는 햇살을 밟으며 주차장으로 향한다. 병원서 쓰던 물건을 챙긴 남편이 먼저 가 차에 시동을 건다.

귀갓길이다. 내겐 아직 일상으로 돌아갈 만한 건강이 있고, 돌아갈 집이 있다는 사실에 감사한다. 나는 기대에 차 있다. 원하는 모양대로 속이 빈 거푸집에 쇳물이 들어가듯 나도 맞춤형 틀, 집에 들어 합일을 이루고 싶다. 위로와 위안을 얻었으면 한다. 차량이 어느덧 문수산 밑 동네로 진입한다.

다섯 평

―――

 창 앞에 양팔 길이의 책상이 가로 놓여 있다. 조붓한 보조 책상은 세로로 붙여 컴퓨터 작업용으로 쓴다. 좌우 벽면 전체엔 책장이 자리한다. 눈길 돌릴 때마다 우람한 호위병을 보는 것 같다. 창과 마주 보는 위치엔 출입문과 붙박이장이 나란하다. 이 방엔 다리를 뻗고 누울 여유 공간이 없다.

 두 딸을 결혼시킨 후에야 방 하나를 차지했다. '내 방'이라 말할 때마다 웃음이 났다. 이곳에서 욕심스럽게 사 모은 책을 폭식하고, 마음껏 글을 끼적이다가, 창 너머 비 오는 풍경에 젖어 들었다. 하지만 온전히 자기만의 방을 갖기엔 넘어야 할 산이 있었다. 큰딸, 작은딸이 출산을 해 손주 셋 육아 도우미로 몇 년을 더 보냈다. 내가 딸 집에 가거나 딸들이 친정에 와서 지냈다. 그러니 방은 지척에 둔 먼 그리움이었다.

오랜 갈망의 시간을 지나 방에 들었다. 하고 싶고 이뤄내고픈 것들과의 씨름이 시작되었다. 만만찮았다. 내가 생계를 좇고, 일상에 휘둘리는 동안 세월은 저 혼자 가지 않았다. 건강도, 기억력도, 자신감도 함께 데려갔다.

원고 마감일은 촉박한데 생각이 겉돈다. 가리산지리산 하는 글을 두고 안절부절못한다. 자리를 박차고 일어난다. 몇 걸음 떼면 책장에 부딪힌다. 어쩌다가 이중창 속에 갇힌 날벌레처럼 당황한 몸짓이다. 마치 출구를 잊어버린 것처럼.

가로로 두어 걸음, 세로로 서른 보쯤 되는 길이의 텃밭이다. 탱글탱글 자란 오이와 토마토, 바짝 약이 오른 청양고추가 들깨와 상추, 쑥갓과 터를 나눠 자란다. 간밤에 소나기 한줄기 다녀간 뒤라 채소가 더 푸릇푸릇하다. 잡초도 더불어 기가 승하다. 호미를 들고 밭고랑에 쪼그려 앉은 남편이 일어설 기미가 없다. 또 저러는 군, 말없이 밭을 빠져나와 나는 홀로 집으로 향한다.

남편이 정년퇴직하고 두 해를 넘겼다. 주야간 맞교대 근무에 지친 그는 더 이상 직장생활을 하지 않겠다고 했다. 젊은 시절 선수 생활까지 했던 테니스를 시작하고 새 취미를 찾을 줄 알았다. 그런데 소파에 등이 붙어버렸다. 거기서 자고, 먹고, 티브이를 봤다. 그렇게 일 년이 흘렀다.

"제발 하고 싶을 걸 찾아봐요."

이렇게 권하면 다툼으로 이어졌다. 그늘이 드리운 표정과 꽉 다문 입, 다른 곳을 헤매는 듯 멍한 눈길을 보면서 조마조마한 나날이었다. 퇴직자들이 많이 겪는다는 우울증이 아니기만 바랐다.

그해 겨울이었다. 남편이 휴대폰 화면을 내 앞에 쑥 내밀었다. 입주민 카페 공지였다. 아파트 뒤편 산자락에 있는 텃밭을 선착순으로 분양한다는 내용이었다. 순간, 남편이 기지개를 켜려 한다는 걸 알아챘다.

"농사는 처음 짓지만 놀이터에서 논다고 생각하면 재밌을 것 같아."

그의 목소리가 들떠 있었다.

임대받은 밭은 잔돌투성이에 물이 잘 빠지지 않는 진흙땅이었다. 그래서 돌을 골라내고, 모래를 섞고, 퇴비와 거름을 넣는 과정이 필요했다. 남편은 눈만 뜨면 밭에 갔다. 대파 씨를 받아 모종 내고, 쪽파 한 종구가 이삼십여 개로 분구分球되도록 파를 키워 냈다. 유튜브에서 배워 깻묵 액비를 만들고, 구린내 나는 은행을 달여 해충 방제에 썼다. 16m²의 밭을 임대했을 뿐인데 마치 농장을 꾸려가는 사람처럼 바빴다. 밭 한 고랑 갖고 뭐 그리 할 일이 많은 거냐고 잔소리한 날이었다. 그는 마치 준비한 듯 대답했다.

"나한텐 넓은 땅이야. 찾으면 할 일은 얼마든지 있어."

미세기문을 열고 들어서면 나무 장의자가 입구에 있다. 한 뼘 넓이의 손님 대기석이다. 거기에 앉자 큰 거울 속에 내가 보인다. 목에 이발 보자기를 두르고 앉은 남편과 이발사의 몸짓도 보여준다. 사각사각 가위질이 더해지는 만큼 귀 옆과 뒤통수, 정수리 부분이 단정해진다. 바닥엔 희끗희끗한 머리카락 잔디가 생겨난다. 몇 해 전 드라이브 길에 구멍가게 같은 이발관을 보고 호기심에 차를 세웠고, 그 후부터 가끔 이발 나들이를 한다. 차량으로 한 시간 거리인 경주시 내남면의 작은 이용소다.

장의자와 이발 의자 사이엔 한 사람이 움직일 공간이 빠

듯하다. 이발사는 뒤집힌 풍뎅이처럼 그 자리를 맴돈다. 남편은 이발에 이어 새치염색도 한다. 칫솔에 염색약을 묻혀 머리뿌리에 쓱쓱 바르는 모습에 나는 웃음을 베어 문다. 염색솔인 칫솔, 늙은 이발사의 몸짓과 촌村 이미지가 어우러져 재밌는 풍속화를 보는 듯하다.

나는 아까부터 가게 안쪽의 상부장을 힐끔거린다. 포장 뜯긴 염색약 상자를 산처럼 쌓아둔 이유가 궁금해서다. 다섯 평짜리 이발소에 손님이 많다는 걸 보여주려는 허영심인가? 그렇다고 보기엔 수다분한 인상의 이발사와 어울리지 않는다.

"염색 손님이 많나 봐요."

결국 질문을 던진다. 그러자 이발사가 알아들은 듯 곧 정리할 참이라 한다. 손님이 구매해서 쓰고 남으면 표시해 뒀다가 다시 쓰는데 어르신들이 병상에 들거나 세상을 떠나 용처를 잃었단다. 자신도 나이가 많다고 덧붙인다. 열일곱 살에 이발 기술을 배워 이 마을에 자리 잡은 지 오십 년, 쉬고 싶지만 숙제를 하는 중이란다. 이웃 마을까지 통틀어 유일한 이발소라 폐업하면 촌로들이 불편을 겪을 게 뻔해서다. 이런 훈훈한 마음이 이용소를 지탱하게 한 힘이 아니었을까 하는 생각이 스친다.

　방을 떠돌다가 방을 찾는다. 문을 닫는 순간 내 세상이 되는 곳. 여기서 나도 연면적 넓힐 구상을 한다. 타인의 방을 기웃대다 알아낸 게 있다. 연면적을 계산할 때는 머문 시간만큼을 곱해야 한다. 오래 있으면 넓어져 나름의 한 세계가 열린다. 남편과 이발사의 다섯 평에서 나는 그걸 보았다.
　문득 창 쪽을 바라본다. 벌레 한 마리가 허공을 향해 막 비상하고 있다.

갓털의 여행

 민들레가 둥글게 몸을 부풀린다. 탁구공 같다. 바람이 불자 갓털이 허공으로 날아오른다. 아파트 화단과 길, 공터를 조감하듯 움직인다. 도로변 흙먼지 소복한 곳에 씨앗이 내려앉는다.

 열 살이었다. 어른 눈치에 담긴 호오의 감정쯤은 읽을 나이였다. 외숙모는 제인에게 조숙한 광대 같고 성깔 있는 이중인격 덩어리라 했다. 아이는 살얼음 밟듯 행동을 조심했다. 그날도 식당 창 커튼을 내린 채 숨어 앉아 책을 보고 있었다. 하지만 외사촌 오빠 존이 또 싸움을 걸어왔다. 서로 엉겼다. "저 애를 붉은 방에 가둬." 외숙모의 날선 목소리가 날아들었다. 하녀가 외삼촌 죽었던 방으로 끌고 갔다. 밤이 되자 슬픔에 공포까지 더해진 아이가 발작을 일

으키며 기절했다.

스스로 의지와 상관없이 초인간적 위력에 의해 지배되는 걸 운명이라 한다. 운명은 힘이 세다. 샬럿 브론테의 『제인 에어』를 읽으며 무기력한 꼬마 제인의 고난을 아프게 바라보았다. 삶의 주인 역할을 해낼 힘이 없으니 아이는 어른에게 기대야만 생존할 수 있었다. 마치 갓털이 바람에 의지해야 할 때처럼.

며칠 전 용인의 허균묘를 찾았다. 능지처참당한 대역죄인인지라 누가 수습할 수도 없었던 그의 시신. 가묘 속 넋만 깃든 곳에 절을 하다 눈가가 붉어졌다. 허엽 일가 묘역을 서성였다. 그러다 1960년대 후반 국어국문학회에서 세운 허난설헌 시비 앞에 걸음을 멈췄다.

> 영영창하란盈盈窓下蘭   하늘거리는 창가의 난초
> 지엽하분분枝葉何芬芬   가지와 잎 그리도 향기롭더니
> 서풍일피불西風一披拂   가을바람 잎새에 한 번 스치고 가자
> 영락비추상零落悲秋霜   슬프게도 찬 서리에 다 시들었네.
>
> (중략)

비석 뒷면의 5언 고시를 읽고 즉흥적으로 경기도 광주시 초월읍으로 차를 몰았다. 허난설헌 묘소에 가보고 싶었다. 주차장 앞 가파른 계단을 올랐다. 마중 나오듯 묘가 바로 눈앞에 보였다. 소주 한 잔 따라 놓고 그녀를 추모했다.

19세기 영국의 분위기는 조선과 비슷했다. 여성의 순종과 희생을 당연시하고, 여성을 남성의 소유물로 인식했다. 이런 시대적 배경 속에서 제인은 고난을 이겨냈다. 누구의 소유물도 아닌 독립적인 존재로서 생을 밀어 올렸다. 둥글게 부풀려진 갓털은 힘껏 허공을 날았다.

조선 여인 난설헌의 삶은 제인의 생과 확연히 달랐다. 봉건적인 조선 사회에서도 딸의 재능이 빛나도록 배움의 길을 터준 아버지 허엽, 그는 열린 의식의 소유자였다. 거기에서 한 여성의 꿈이 샛노랗게 피어났다. 하지만 혼인을 경계로 삶이 송두리째 바뀌었다. 남자가 처가살이를 하는 남귀여가혼男歸女家婚이 일반적인 때, 난설헌은 친영제에 묶이는 1세대가 되었다. 결혼 후 신부가 친정으로 돌아가지 못하도록 한 제도다.

빛나는 재기를 가진 여인이 친정이라는 안식처를 잃었다. 여자가 책 읽고 글 쓰는 것을 용납할 수 없었던 시댁 사람들의 눈 밖에 났다. 아내에게 굴욕감을 느꼈던 남편 김성립이 밖으로 나돌고, 삶을 지탱시켜 주던 두 아이도 차례로 죽었다. 피눈물을 흘렸을 그녀는 무너지고 말았다.

 몸 붙일 곳, 마음 기댈 곳 하나 없던 여인. 물기조차 없는 척박한 환경에서 난설헌은 제 삶을 둥글게 부풀릴 수 없었다. 등을 내주던 바람이 떠나버린 처지라 날 수도, 뿌리를 내릴 수도 없었다. 당시의 제도와 사상이 그녀를 날개 꺾인 새로 전락시켰다. 끝내 날지 못한 새는 초월읍 묘지에 묻혔다. 스물일곱 젊은 나이였다.

 읽던 책의 마지막 페이지를 덮고 창밖을 본다. 어디선가 갓털 하나 날아와 창틀 구석에 앉는다. 영영창하란盈盈窓下蘭 같았던 그녀 생각이 나서 후~ 씨앗을 불어 손바닥에 올린다. 풀밭으로 가져간다. 이곳에서라면 틀림없이 꽃을 피울 것이다.

 바람이 불어온다. 갓털이 난다. 글밭에 깊고 풍성하게 뿌리 내리고픈 내 갈망도 얹혀있다. 등을 미는 바람의 손길이 따뜻하다.

3. 더블 캐스팅

겨울눈

엄지손가락만 한 것들이 나뭇가지에 붙었다. 한 뼘씩 떨어져 앉은 아기새 무리 같다. 천천히 나무에 다가선다. 녹회색 아린芽鱗이 겨울눈을 단단하게 싸고 있다. 그 모습이 앙증맞다. 목련의 알들이 2월 찬바람 속에서 하얀 꿈을 키우고 있다.

간밤 창문을 뒤흔들던 비바람 탓에 겨울눈 몇 개가 바닥에 나뒹군다. 솜털이 흙물로 얼룩졌다. 숲길 산책로에서 본 어린 새의 주검 같아 마음이 젖는다. 떨어진 꽃눈을 뿌리 근처에 모은다. 생명의 태반인 흙*에 묻어준다. 다음엔

---

* 문정희 시 「흙」 중에서.

어여쁜 꽃으로 피어나라 토닥인다.

사위가 싱크대 공장을 열면서 큰딸이 일손을 보태기로 했다. 제품의 주문 상담과 자재 관리를 맡았다. 인건비를 줄이려는 결정이니 나는 흔쾌히 '친정엄마 찬스'가 되어주었다. 차량으로 반 시간 거리를 일주일에 사흘, 손주들을 보러 갔다.

어느덧 칠 년째다. 손자는 유치원생이고, 세 살짜리 손녀는 어린이집에 다닌다. 황혼육아가 어렵다는 이유를 겪어보니 알겠다. 에너지 넘치는 어린 생명을 상대하기에 체력이 달리고, 친구 하자며 달라붙는 관절염이 장애다. 몸을 많이 쓴 날은 허리며, 다리 통증으로 밤새 앓지만 날이 새면 손주가 아른거려 운전대를 잡는다.

내가 초보 엄마였을 때 유아기의 딸들과 건너온 시간엔 그늘이 있다. 친정은 천 리 밖이라 손 빌리기 어려웠고, 애 키우는 건 여자 몫이라 선을 긋던 남편과 단칸 월세살이로 떠밀린 환경은 고단했다. 아이들과 눈맞춤하며 웃어 줄 여유를 상실한 몇 해였다. 손주들을 돌보며 웃음이 많아진 이즈음, 그때가 부표처럼 떠오르면 목젖이 아파온다. 화난 듯 무표정한 엄마를 보면서도 딸의 입가엔 예쁜 미소가 피어났다. 나는 대代를 건너서야 화답한다. 사랑스럽고 생명력 충만한, 겨울눈을 닮은 손주들에게.

콩순이 노래를 틀어놓고 기저귀 찬 엉덩이를 얄랑얄랑 흔들던 손녀가 "할머이 사앙해"라며 뜬금없이 고백해 온다. 마음이 녹아내린다. 유치원 가방에서 받아쓰기 공책을 꺼내며 할머니랑 공부해서 백 점 맞았다는 손자도 두 팔로 하트를 그린다. 녀석들의 재롱에 내가 "안아보자~" 팔을 벌리니 둘은 경쟁하듯 달려온다. 시간의 징검돌을 밟으며 세상 진입을 시작한 아이들의 몸이 작아서 더 꼭 끌어안아 준다.

아침이면 아파트 단지 내 승강장에 노란 승합차가 줄을 선다. 물통이며 빈 도시락이 든 가방을 멘 유아들이 작은 사회로 이동한다. "잘 다녀와!", 인사를 보내면 걱정 말라는 듯 고사리손을 흔든다. 어른들이 펼쳐주는 세상을 한 치 의심 없이 받아들이는 아이들에게 생채기 없이, 즐거운 시간 보내고 돌아오게 해달라 간절히 기원한다.

CCTV로 촬영되는 줄 알면서도 유아에게 폭언과 구타를 하던 보육교사가 경찰의 조사를 받는다. 이런 사건이 잦아 나는 뉴스를 접하는 게 두렵다. 오늘은 또 어떤 아이가 수난을 당했을까. 유아들은 먹고 자고 놀고 말썽부리는 게 성장 일기 아닌가. 그런 병아리들의 어미닭 역할이 싫다면 교사는 보육 현장을 떠나야 한다. 어린 생명을 분노의 분출구로 삼아서는 안 된다.

어린 시절 마당에서 키우던 닭이 있었다. 병아리들이 종종거리며 어미를 따라다녔다. 그중에 왜소한 병아리가 있었는데 어미닭이 머리를 콕콕 쪼아 쫓아버리곤 했다. 삐약, 비명을 지르던 녀석은 차츰 외톨이가 되었다. 봄볕에서 꼬박꼬박 졸더니 결국 죽었다. 가정에서 아동 폭력이 더 심각하고 사망 사례가 많다는 보도를 접하자 그 어미닭 기억이 났다. 모진 암탉에게 어머니는 괘씸죄를 적용했다. 삼계탕으로 만들어 식탁에 올렸다.

사람은 동물과 달라야 한다.

"제 몸의 양분과 정기를 씨앗에게 부어 아이를 낳고 제 몸과 영혼을 팔아 아이를 기르고도 받을 것은 거의 없고 줄 것은 앞으로도 많이 남은 어머니."

시인 김기택은 산문에서 어머니를 이렇게 묘사했다. 숭고한 존재다. 내 어머니도 주기만 하셨다. 그런데 뉴스에 등장하는 '엄마'는 달랐다. 어머니와 엄마가 동의어가 아니라고 착각을 할 만큼.

아이들은 가정에서 굶주리고, 매 맞고, 소외되고, 잊힌 채 생명을 잃었다. 심지어 생후 십 개월 된 여아가 입양된 지 271일 만에 짓밟힌 '겨울눈'이 되어버렸다. 충격적인 기사다. 아이가 삶을 부여잡을 길은 하나다. 스스로 할 수 있는 게 없으니 울음에 기댈 수밖에. 소리 높여 울고 울어 도움 줄 존재에게 절규가 닿아야 한다. 그러나 목숨 잃은 아이들에겐 기회가 주어지지 않았다.

울음소리를 미처 듣지 못한 어른들이 거리로 나섰다. "어른인 게 미안해"라는 피켓을 들고. 나는 그걸 '사랑빚을 기억하라'로 읽는다. 우리는 모두 '사랑빚'으로 어른이 되었다. 내리사랑이 없었다면 아이가 어른이 되는 역사를 이루지 못했을 것이다. 어른은 누구나 채무자다. 정성스럽고 알뜰하게 빚을 갚아나가야 한다. 오로지 백화난만한 사랑만 필요하다.

어디선가 오늘도 겨울눈이 떨어진다. 톡, 삶이 지고 있다. 보호막을 얻지 못한 아이들이 어른의 죄를 대신해 눈을 감는 소리다. 말라가는 눈물이라도 닦아주고 싶은데 소리의 거처를 찾을 수 없다. 마음만 다정한 어른인 게 미안하다.

나는 지금 진심을 다해 반성문을 쓴다.

답신

 서른한 살 젊은 육체에 깃든 병마보다 더 견디기 힘들었던 건 예고된 별리였다. 꽃 같은 아내와 자식을 두고 눈 감는 일은 죽어도, 죽을 수 없는 한이었다. 아내가 마지막으로 덮어 준 이불, 애틋한 마음으로 한지에 써 내려간 편지 때문에 더욱 그랬다. 할 수 있는 건 몸으로 서신을 읽으며 때를 기다리는 거였다. 그리고 사백삼십 년이 지나 무덤 이장移葬 때 비로소 세상 밖으로 편지를 띄웠다.

 자신이 얼마나 사랑받는 남편이었으며 서로 "머리 희어지도록 살다가 함께 죽고" 싶은 바람을 품었음을 조곤조곤 들려줬다. 아내가 머리카락으로 짠 미투리도 머리맡에 두었다. 완쾌되면 신으려 했던 신발. 원이 엄마가 애타게 기다렸을 답신을 남자는 이렇게 세상으로 띄워 보냈다. 그건

봇물처럼 터져 나온 그리움이었다.

1998년 아파트 택지 개발이 한창이던 안동에서의 일이었다. 주인 모를 무덤을 이장하던 중 발견된 이응태라는 남자의 사연은 조선판 러브스토리였다. 남자가 애써 지켜온 아내의 편지를 누군가가 나무 침실의 문을 똑똑똑 두드리자 반가운 듯 내보였다. 말 없는 말로 건넨 사연들이 많은 말을 품고 있었다. 나는 이것을 남자가 아내에게 보내는 연서임을 안다.

오래전 낯선 남자에게서 편지를 받았다. 고맙고, 얼마간은 당혹스러운 편지였다. 그가 바라는 걸 주고 싶은데 빈손이라 고민했다. 간략하게나마 시간을 달라는 글을 쓸까? 아니면 좀 늦어도 이해할 거라 믿고 준비되는 대로 챙겨 보낼까? 방법을 모색하던 중 가정형편 때문에 맞벌이에 나서야 했다. 주말도 없는 생활의 반복, 나는 그를 잊어갔다. 어쩌다 한두 번 편지가 기억나곤 했지만 열아홉 해가 흘러버렸다. 그리고 이젠 원하던 걸 줄 수 있게 되었는데 방법을 찾지 못하겠다. 혹시나 하면서 우편함을 열어보곤 했을 초로의 남자를 생각하며 난 뒤늦게 아파한다.

"창 너머 초원으로 한 무리의 철새가 내려앉는 플로리다의 새벽입니다. 이곳에서 어렵게 구한 『○○○문학』가을호에 선생님의 등단작 「입원병동에서」가 실린 걸 읽었습니다."

누렇게 바랜 편지를 책상 서랍에서 꺼내보니 당시의 감정이 되살아났다. 먼 데서 나의 글을 읽고 편지를 보내 주는 사람이 있다는 게 얼마나 신기하고 큰 기쁨이었던지…. 내가 등단했다는 걸 처음으로 실감나게 해 준 분이어서 가족에게 자랑을 하곤 했었다.

그는 자신이 고국을 떠난 지 40년이 되는 필립 윤이라 했다. 50대의 중년인데 10대 때 이국으로 떠나 현지에서 사업을 한다고 했다. 그의 글에선 한국에 대한 향수가 묻어났다. 모국에서 발행된 문예지를 어렵게 손에 넣고 행복해하는 모습이 눈에 보이는 듯했다.

나의 글은 농장 지붕을 고치러 올라갔던 아버지가 간 파열 사고로 사경을 헤맨 내용이었다. 중환자실에서 온몸에 관을 꽂고 누운 아버지는 붉고 노란 액체를 몸 밖으로 내보내며 사투를 벌였다. 의사는 기적이 일어나지 않는 한 회생이 어렵다고 했으나 아버지는 한 달 반 만에 퇴원했다. 나는 중환자실 아버지 곁을 지키며 차라리 몰랐으면 좋았을 것을 봐 버렸다. 병상의 중환자에겐 프라이버시가 없었다. 의식이 없는 듯한 환자가 나신裸身을 드러내고 누운 걸 보면서 나는 아버지의 이불을 여며드렸다. 개개인에겐 소중하고 내보이고 싶지 않은 육체가 아니던가. 하지만 병마가 깃드는 순간 하나의 사물로 전락해 버린다는 사실이 슬프다고 썼다.

세월만 흘려보냈지 창작에 게을렀던 나는 써 놓은 글이 많지 않았다. 그래서 책 출간을 미뤄오다 창작지원금을 받고서야 서두르게 되었다. 못난 모과 같은 작품집을 『구부러진 못』이라 명명했다. 지인들에게 수필집을 부치느라 우체국에 들락거리자 필립 윤이란 분이 기억의 밑바닥을 헤집고 올라왔다. 뒤늦게 책을 보낸다는 게 실례될 듯했으나 나는 마음의 빚을 청산하고 싶었다.

옛 주소를 보고 또 봐도 결정 내릴 수가 없었다. 이사를 한두 번 했을 세월이 흘렀고, 그의 연령도 70세가 넘었을 터이니 생사에 대한 의문도 있었다. 또 답신을 기다리다 나같이 무심한 고국 사람을 오래전에 지워버렸을지도 모른다. 전전반측 잠 못 이루다 주소를 봉투에 써넣었다. 반송되면 그때 미련을 버리면 되는 거였다.

수필 「답신」은 내가 미국의 그분께 보내는 늦은 답장이다. 우연하게라도 그가 내 얘기를 전해 들을 가능성은 없겠지만 그래도 이 글을 읽은 누군가가 타국의 한 남자에게 "잊지 않고 있더라"란 말을 전해주길 꿈꾼다. 소통의 기회가 온다면 깊이 고개 숙여 감사와 미안함을 표하고 싶다.

하루하루 글 곳간을 채워가는 중이다. 글 쓰는 사람으로서 필립 윤 같은 독자를 만날 기회가 흔치 않겠지만 어쩌다 내 글을 접할 누군가의 마음에 가닿기 위한 노력을 멈추지 않으려 한다.

"매일 새벽 4시에 일어나 7, 8시간 쓰고 오후에는 읽고 산책한다. 사람 뇌는 변한다. 자꾸 읽으면 책을 읽는 뇌, 그러다 쓰는 뇌로 진화한다." 어느 작가의 일상이다. 다른 사람들이 얼마나 치열하게 쓰고 공부하는지를 잊지 않게 해준다. 따끔한 일침이다.

더블 캐스팅

　매월 마지막 목요일 오전 10시, 인터넷 수강 시스템 창이 열린다. 늘 1, 2분 사이에 접수 종료될 만큼 인기 있는 수업이라 컴퓨터 앞에서 미리 대기하곤 한다. 오래 해 온 운동이다. 그런데 이번 달엔 망설인다.

　수중 에어로빅서 출발한 아쿠아로빅은 걷기·태권도·킥복싱·요가 등이 접목된 운동이다. 물속에서 움직이기 때문에 노인들도 따라 할 수 있는 스포츠로 자리 잡았다. 관절염을 앓거나, 지상 운동이 쉽지 않은 이들도 많이 찾는다. 그래선지 아쿠아로빅 회원의 평균 연령대는 높다. 내가 다니는 수영장에선 쉰일곱 명 정원에 환갑 넘긴 분이 절반은 된다.

　경쾌한 음악에 맞춰 물을 팔로 치고, 발로 차면 신이 난다. 팔뚝보다 굵은 가래떡 모양의 1.5미터짜리 스티로폼 봉(누들)을 자전거처럼 타거나, 그걸 잡고 엎드린 채 달리면 몸이 금방 열기로 차오른다. 무릎이 아파 보행에 불편을 겪고 있는 나. 물속 운동 외에 숨차게 움직일 방법이 없어 이 수업이 무척 소중하다.

지속적으로 운동을 해도 병을 피해 가긴 어렵나 보다. 건강미 넘쳐 보이던 아쿠아로빅 강사가 요즘 결강이 잦다. 서울의 큰 병원서 종양 제거 수술을 하게 돼 입원 전 검사를 받으러 다닌다. 대타 강사가 수업을 메운다.

까만 볼캡을 쓴 젊은 강사가 처음 오던 날 내 눈길이 그녀에게 꽂혔다. 근육질 몸매가 날씬하게 드러나는 레깅스 차림에 민소매 탑이 퍽 어울렸다. 활력에 찬 50분을 만들어 줄지 모른다는 기대를 품었다.

그녀는 하체 운동 중심으로 수업을 이끌었다. 긴장 탓인지 동작과 동작 사이 연결이 매끄럽지 못했다. 다리 운동을 좌우 동일한 비율로 풀어줘야 하는데 오른쪽 비중이 컸다. 비슷한 동작을 반복했다. 불편하고 지루했다. 회원들의 구겨진 표정이 읽혔다. 수업 도중에 풀pool을 빠져나가는 이가 평소보다 많아졌다. 이 젊은 강사가 어떤 마음으로 수업을 맡았는지 궁금했다. 강사의 길을 가기 위해 실력을 선보이고 있다면 갈 길이 멀어 보였다.

오래 함께한 김 선생님 수업은 연날리기 기법 같다. 연줄이 팽팽하면 풀어주고 느슨하면 적당히 감아주듯 수업을 이끈다. 운동 강도를 올리다가 벅찰 듯하면 이완 동작을 시킨다. 육체의 좌우 근육을 골고루 강화시켜 준다. 한겨울 찬물 속에서도 땀나게 만드는 김샘. 즐거운 힘듦과 몸이 풀리는 느낌이 교차한다. '회원'이란 연이 흡족하게 바람을 타도록 이끄는 것은 실력에서 나온다. 어떤 스포츠든 탄탄한 이론의 바탕 위에서 더 완벽한 기술이 구사되는 법이다.

준비된 자만이 기회를 잡을 수 있다. 1886년 당시 토스카니니는 열아홉 살이었다. 그는 롯시 오페라단 오케스트라의 첼리스트로서 브라질 공연에 참가하였다. 작품은 베르디의 오페라 〈아이다〉였다. 그런데 공연 직전 오페라단 측과 지휘자가 마찰을 빚었다. 지휘자가 지휘봉을 던져버렸다. 주최 측은 당황해 다른 사람을 물색했다. 이때 단원들이 토스카니니를 추천했다. 그는 〈아이다〉를 비롯한 여러 편의 오페라를 통째로 외우고 있었다. 리허설 없이 공연해야 하는 상황에서 악보를 모두 외우는 그가 낙점되었다. 애송이가 지휘대에 오르자 관객들은 야유했다. 하지만 젊은 지휘자는 대곡을 완벽하게 이끌었다. 객석에서 우레 같은 박수가 터져 나왔다. 첼로 연주자 토스카니니가 세계적 지휘자로 탄생한 순간이었다.

육상 운동이 벅찬 내게 아쿠아로빅은 건강과 동의어가 되어 있다. 그동안 효과와 재미를 맛본 것은 아쿠아로빅의 특성과 준비된 선생님 덕분이다. 앞으로도 건강이 허락하는 한 이 운동을 해나갈 것이다. 회원으로서 바람이 있다면 자신이 선택한 일에 열정을 갖고 임하는 분이 강의를 맡았으면 한다. 아쿠아로빅한 지 열다섯 해, 나는 김 선생님을 프로페셔널 강사라고 생각한다. 그녀의 수업 방식은 '고인 물'이 아니라 변화를 수용하는 '흐르는 물'이다.

컴퓨터 앞에 앉은 나를 돌아본다. 무작정 써서 글을 문예지에 발표했던 시간들. 활자화된 내 수필을 접할 때마다 조잡한 수공예품 같아 얼굴을 붉혔던 기억이 잦다. 내 눈에 차지 않는 글이 남의 눈에 찰 리 없다. 독자들이 프로라는 사실을 망각하지 말아야 한다. 책상 앞에 붙여둔 글귀를 다시금 마음에 새겨 넣는다.

"반복이 도약과 차이를 만든다" 티끌 하나 차이가 천 리 차이라는, 호리천리毫釐千里란 말과 상통한다. 급할수록 돌아가라 했던가. 나는 힘을 낸다.

김 선생님이 입원 중이다. "어쩌면 두어 달 걸릴 수도…."란 말이 귓가에 남아 있다. 대타 강사의 수강료를 결제한다. 길을 잘 몰라 헤매는 강사가 변화해 가는 모습을 기대한다. 한 단계 도약의 과정을 거치게 되었을 때 그녀를 놀라운 눈길로 바라보고 싶다. 더블 캐스팅은 준비된 사람에게만 주어지는 선물이다. 심한 근시여서 모든 악보를 통째로 암기하는 지독한 노력가였던 토스카니니. 그가 기회를 잡은 게 결코 우연이 아니었음도 염두에 둔다.

경계에서

 강의가 시작되었는데도 마음이 딴 곳에 가 있다. 칠판 가장자리에 비스듬히 기대 놓은 원목시계 때문이다. 건전지가 다 되어가는지 초침이 숫자 11에서 출렁댄다. 두 시간째다. 국수 가락 같은 초침이 언제 멈춰버릴지 초조하다. 경계에 선 시계의 몸부림이 안타깝다.

 꺼억꺼억 트림을 하며 식탁에 앉곤 했던 이모가 위암 말기 판정을 받았다. 짧으면 삼 개월, 길면 육 개월의 생이 남았다는 사실이 믿기지 않는 눈치였다. "언니요, 병원 가서 위내시경 좀 받아 보소." 어머니가 채근하면 딴전을 피우곤 했던 이모였다.

 이모부가 경운기 추돌사고로 세상을 떠날 무렵 자녀들은 중고생이었다. 홀로 남편의 빈자리까지 채워야 했던 시간은 고단했다. 종일 논일, 밭일로 파김치가 된 육신을 끌고 귀가하면 새벽까지 베틀에 앉았다. 틈틈이 안동포까지 짜 팔았던 것이다. 사남매가 제 삶을 찾아 떠나도 이모의 생활은 달라지지 않았다. 까맣게 그을린 여인네가 강단 있게 일을 해내니 품을 사는 이들에게 인기였다.

농한기인 겨울엔 마을회관서 살다시피 한 이모였다. 집에 난방을 안 했다. 잠만 자는 공간에 기름 때는 건 낭비라 여겼다. 평생 말이 통하지 않았던 이모를 두고 어머니는 벽이라고 했다.

"항암치료라 카는 거 나도 받아보고 싶데이."

이모는 본인의 암 발병을 이렇게 주변에 알렸다. 벼랑 타듯 아슬아슬 건뎌온 삶만 있고 스스로를 위해 추억할 그 무엇도 만들지 못한 일생이었다. 생을 제대로 마무리할 기회를 잡고 싶었던 이모는 최소한의 치료라도 받고 싶은 바람을 전했다.

"어차피 의미 없는 치료이지 않을까요?"

자식들에게서 이런 반응이 돌아왔다. 팔순의 이모는 그날로 말문을 닫았다. 그로부터 한 달 후 이모의 부고가 날아들었다.

지난 2월 나는 대학병원 수술대 위에 누웠다. 무릎뼈 미세천공수술을 받았으나 정상 보행이 어려웠던 탓이다. 명의를 수소문해 재수술을 확정한 거였다. 이번엔 낫게 해주려니 하는 낙관과 걱정이 시소를 탔다. 혹시 못 깨어나면 어떡하지 하는 두려움에 망설여지기도 했다. 주변 정리나 좀 하고 올 걸, 후회가 되자 이런저런 생각이 꼬리를 물었다.

언젠가 좋은 글 한 번 써보겠다고 말만 앞세우다가 예까지 와버렸다. 만서재萬書齋라 이름 붙인 내 방엔 못다 읽은 책이 쌓였다. 저승에 들고 갈 수 없으니 머리에 넣어서 가겠노라 공언한 게 공수표가 되었다. 십 년 전부터 써온 일기장을 누군가 읽게 되면 어떡하나 가시방석이었다. 진즉에 태워버릴 걸….

무엇보다 다리를 고쳐주겠다고 서울, 수원, 인천, 부산 등 각지 병원으로 운전대를 잡아준 남편에게 고맙단 말도 못 했다. 술꾼의 아내로 살게 한 세월, 그 미움이 앙금으로 남아 입을 꾹 다문 나날이었다. 시간이 흘러 내 안의 상처가 흐려질 때 하리라 미뤄온 화해다. 하나뿐인 딸을 잃고 망연자실할 노모의 모습도 애써 지운다. 세상에서 가장 큰

불효가 부모 앞서 숨을 놓는 거라고 하지 않던가.

"마취에 들어가겠습니다."

전문의가 안면 마스크를 코와 입에 씌우자 의식은 곧장 어둠에 잠겼다. 두어 시간 후 눈을 떴다. 병실의 환한 불빛이 축복처럼 쏟아졌다. 경계의 이쪽이었다. 다행히 주변을 정리할 시간이 주어졌다.

이 시대의 석학으로 불리는 이어령 교수는 87세의 나이에 암과 친병親病 중이다. 방사선 치료도 항암 치료도 받지 않고 자신의 병을 관찰하며 친구로 지낸다고 한다. 메멘토 모리Memento mori, 죽음을 생각할 때 가장 농밀하게 살 수 있기에 그는 삶이 끝나간다는 것조차 나쁘지 않다고 이야기한다. 자신에게 남은 시간 동안 유언 같은 책을 완성하기 위해 최선을 다하는 모습이 잔잔한 감동을 불러온다.

루게릭병으로 시한부 선고를 받은 모리 슈워츠 교수도 나이가 드는 것이 단순한 쇠락이 아니라 오히려 성장이라고 했다. 죽게 될 거라는 걸 이해하기 때문에 더 좋을 삶을 살게 되는 긍정적 측면도 있다는 것이다. 죽음을 앞둔 두 학자의 태도가 닮아있다.

책 읽는 기쁨이 배가된다. 퇴근길 남편에게 고생했다며

미소 짓는 게 쉽다. 나 때문에 걱정 많은 노모에게 밝은 목소리로 전화를 건다. 한시름 놓는 듯해 내 마음도 가벼워진다.

수업이 끝나자 옆자리 지인이 "교수님 강의 좋았지요?"라고 묻는다. 나는 그저 웃는다. 자신의 에너지가 바닥날 때까지 변함없이 열정을 태우는 초침을 보며 한 수 배웠다는, 엉뚱한 대답을 하려다 삼킨다. 다음 수업 때에는 건전지를 챙겨 올 요량이다.

개목사 가는 길

 동생이 버섯재배장을 옮겼다는 소식을 전해왔다. 사찰명을 내비게이션에 치고 찾아오면 수월하다고 덧붙였다. 큰 도로에서 표지판을 보며 농로로 진입하면 개목사까지는 4킬로미터고, 그 길 절반 못 미쳐 비닐하우스가 보인다고 했다.

 안동시 서후면으로 접어들자 '개목사 가는 길'이란 표지판이 보였다. 글자에 시선이 못 박혔다. 낯선 사찰 이름에서 친숙함이 느껴져 "개목사", 가만히 되뇌어 봤다. 좋은 일이 생길 것 같은 엉뚱한 예감은 뭔가? 조만간 사찰을 찾아가 보기로 했다.

 글을 쓰거나, 책을 읽다가 답답증이 일 때가 많다. 써나가던 글이 방향을 잃거나, 독서에도 집중할 수 없을 땐 탈

출구를 찾는다. 산책을 나서는 것이다. 아파트가 문수산 초입에 있어 발걸음은 자연스럽게 숲길로 이어진다.

나날이 푸르름을 더하는 사월의 숲에 눈을 씻는다. 저만치 나뭇가지에 앉은 새 한 마리 뭔가에 집중하고 있다. 날개덮깃 일부가 윤기 도는 남색이다. 기지개를 켜듯 날개를 펄럭 대자 깃털 끝이 푸른빛으로 어룽진다. 어린 까마귀다. 마침 연암의 글을 뒤적이다 나온 참이라 생각이 그리로 뻗어나간다.

박지원은 「능양시집서菱洋詩集序」에서 까마귀 깃털을 그보다 더 검은 것은 없다. 그러면서도 유금乳金 빛으로 무리지고, 석록石綠 빛으로 반짝인다고도 했다. 해가 비치면 자줏빛이 떠오르고, 눈이 아른아른하더니 비췻빛이 된다며 푸르거나 붉은 까마귀라 해도 괜찮다고 했다. 까마귀는 검지만, 푸르고 붉은 것이 그 빛깔 가운데 깃든 빛인 걸 그는 깨닫고 있었다. 선입견을 버리고 열린 눈과 가슴으로 세상과 만나라는 연암의 가르침이다. 다시 어린 새를 본다. 나의 바람은 사물이나 일상을 지혜롭게 파악하는 연암 같은 혜안을 갖는 것이다. 하지만 흰머리 감출 수 없는 나이가 되어도 헤매고 있다.

내 눈은 난시에 노안이 겹쳐 돋보기 없이 글자를 못 읽는다. 외출할 때마다 안경 챙기기 귀찮아 집 밖에선 활자를 외면한 지 꽤 된다. 꼭 알아야 할 게 있으면 주위 사람에게 물어 해결하는 타성에 젖는다. 몸이 포기하는 법을 가르치니 마음도 따라 수긍해 버린다.

다초점 안경에 적응 중이다. 백내장 수술 후 자외선 차단 안경을 맞추려는 남편을 따라갔다가 안경사의 권유에 솔깃했다. 일반 도수 안경에 돋보기 기능이 추가된 제품이 노년층에 인기가 많다고 했다. 새로 맞춘 안경은 사물이 흐릿하게 겹쳐 보이던 걸 바로잡아 주면서, 고개를 살짝 숙여 눈을 내리뜰 때 글자를 확대해 보여준다. 초점을 잘못 맞추면 어지러워도 확실히 물리적 눈 뜨기가 수월하다.

안경 덕분에 읽기에 관심을 되찾은 어느 날이었다. 북카페에서 책장을 넘기던 손이 주춤했다.

"어지러운 산, 옛 절을 감추었네亂山藏古寺."

그림을 몹시 좋아하던 송나라의 휘종 황제가 화가들에게 낸 화제畵題다. 일등으로 뽑힌 그림은 숲속에 조그만 길이 나 있고, 그 길로 중이 물을 길어 올라가는 장면을 그렸다. 지혜가 돋보였다. 그림 속에 옛 절이 없음에도 절을 상상할 수 있게 한 화가의 내공에 감탄했다. 나는 개목한 그가 부러웠다. 실력을 갈고닦은 결과 멋진 표현을 해 세상에 회자되고 있으니.

스무 해 전 수필가란 이름을 얻었을 때 다짐했었다. 독자에게 감동을 주고 공감 얻는 글을 쓰겠다고. 이 약속 지키기가 얼마나 어려운지를 실감하며 산다. 글을 억지로 짜낸다고 되는 건 아니다. 연암처럼 학문과 다양한 경험, 깊은 통찰로 쌓은 지식이 필요하다. 그리고 화제를 기발하게 해석해 낸 화가가 견뎌냈을 고된 습작의 여정도 보태야 한다. 그래야 작품의 완성도가 올라간다.

개목사란 표지판을 처음 본 날, 좋은 일이 생길 것 같은 예감에 빠진 건 나의 갈망에 닿은 탓이었다. 개목을 정신의 눈뜸으로 읽었기에 안내판은 꿈으로 인도하는 신호였다. 화살표가 지시하는 방향으로 달려가면 오랜 방황의 마침표를 찍을 수 있을 것 같았다. 나만의 개목에 이른 날 이 고찰의 문턱을 넘고 싶었다.

점심 후 산책에서 돌아오는 길이다. 밭둑에 앉아 나물 캐는 노인들을 본다. 소쿠리엔 쑥과 냉이, 민들레잎도 있다. 민들레가 식용 가능한지 몰랐다고 하니 꽃대 올라오기 전에 이파리를 뜯어 쌈 싸 먹거나 김치를 해 먹으면 맛나단다. 광대나물, 갈퀴나물, 꽃마리, 보리뱅이, 말냉이 등등 주위엔 먹을 수 있는 야생 풀이 지천이라며 자신만의 출석부에서 풀이름을 꺼내 불러준다. 그리고 노인이 한 마디 덧붙인다.

"알면 더 잘 보이지."

느슨한 일상을 움켜쥔다. 좋아하지만 즐길 수 없는 창작의 길, 그 춤사위에 나를 얹는다. 번쩍 정신이 든다. 개목사 가는 길을 더 미룰 수 없다. 빨간 화살표가 나를 부른다.

답

'성적을 부탁해 티처스'라는 TV 프로그램을 보고 있다. 한 여중생이 쑥스러운 표정을 짓고 있다. 읽은 책이 팔천 권이나 되고, 공부는 물론 체육, 미술까지 잘한다는 올라운더다. 이런 완성형 학생의 출연이 의아해 귀를 기울인다. 수학 공포증이 있단다. 이 방송은, 성적이 고민인 학생에게 유명 강사들이 맞춤 솔루션을 제공한다.

어제 남편과 텃밭 얘기를 하다가 순간적으로 잡아챈 단어가 있었다. '낙화생'이다. "꽃이 땅에 떨어져 열매를 맺는다" 하여 붙은 이름이다. 꽃이 수정되면 씨방자루가 길게 자라 땅속으로 들어간다. 이 자방병이 하나하나의 땅콩이 된다. 이러한 식물의 생육 방식을 본 적이 없어 글감으로 혹했다.

마음에 쏙 들어온 글감이니 쓰기가 좀 수월하려나 했다. 그런데 아니었다. 썼다가 지우기를 반복하다 모니터엔 커서만 깜빡댔다. 몇 시간을 허비하고 털레털레 방을 빠져나왔다. 원고 13매가량 쓰는데 평균 한 달을 끄는 나. 주위 작가들 중에는 일주일에 한 편을 쓴다는 이도 있는데…. 나에게도 맞춤 솔루션이 필요했다.

엄마가 학생을 24시간 밀착 관리할 만큼 공부에 진심이다. 아이는 공부를 꼭 해야 하니 기계적으로 책을 편다. 학습 진도를 빠르게 나가려니 마음만 조급하다. 수학 문제를 풀 때 개념까지 돌아볼 여유가 없다. 성적이 잘 안 나오는 과목은 시험이라는 실전에서 불안감을 더한다.

이런 일상이 부담되었던 소녀는 독서를 휴식의 수단으로 삼는다. 말이 휴식이지 어쩌면 도피일 수도 있겠다. 읽은 책이 늘어날수록 숲속에 홀로 들어앉은 것처럼 안도와 불안이 교차했을 것이다. 다행히 독서는 여러 과목에 기본적인 도움이 되지만 수학은 예외인 듯하다.

수학 공부의 문제점을 들여다본 강사가 방법을 제시한다. "기초가 탄탄하면 수학에 관한 두려움이 사라진다"고 한다. 여학생의 표정이 복잡하다. 개념을 이해하고 공식을 외워라, 문제를 쪼개서 접근해라, 작게 나눠 이해하라는 말은 결국 급할수록 돌아가라는 뜻이다. 소녀는 결심한 듯 눈빛이 바뀐다.

등단 후 창작의 부담을 피해 내가 숨어든 곳도 책이었다. 쓰는 일에 소홀해도 독서로 채우니 괜찮을 거라 합리화하면서. 좋은 글을 쓰려면 '삼다三多'가 필요하다. 다독多讀, 다작多作, 다상량多商量은 글쓰기의 바이블로 통한다. 그런데 어쩌다 모니터 앞에 앉곤 하니 글이 잘 써질 리 없었다. 기초를 다지는 일에 소홀했다.

글감을 작품화하기 전에 꼭 먼저 해야 할 일이 있다. 주제를 무엇으로 할 것인가? 어떤 소재를 끌어와 의미화를 더하지? 구성은 어떻게 할까? 어떤 형식을 빌리지? 이런 원론적인 것을 무시한 채 작업에 임했으니 글쓰기는 산 넘어 산이었다.

오래 반복한 오류다. 서른 중반, 처음 글쓰기를 시작했다. 그냥 열심히만 쓰면 되겠거니 낙관했다. 그런데 이론의 바탕 없이 쓰는 글은 한계가 있었다. 문장은 다듬어져도 글이 얕고 신변잡기를 벗어나지 못했다. 등단 후에도 의미화가 부족하다, 구성이 어설프다, 주제를 밀고 나가는 힘이 부족하다는 등 평을 들었다.

좌절감에 빠져 있는 내게 선배가 조언했다. 문학 이론서를 서너 권쯤 읽어라, 강의를 들을 수 있다면 그것도 도움이 된다, 창작 동아리를 만들어 서로 글을 읽고 평하는 과정도 필요하다는 비기祕器를 알려줬다.

수학 문제만 보면 머리가 하얘지고 긴장된다던 학생이 달라졌다. 수학 점수가 오르기 시작했다. 등짐을 내려놓은 당나귀처럼 가벼워 보였다. 수학 공포증이 치료된 여학생의 환한 미소가 화면을 가득 채웠다.

나도 아집을 내려놓는다. 수필 창작론, 글쓰기 표현사전, 문장론 같은 책을 뒤적인다. 조금씩 눈앞의 안개가 걷힌다. 연결성 없는 문단을 옮기거나 뺀다. 비유적으로 문장을 표현하고, 비문은 바로잡는다. 글과 어울리지 않는 제목도 바꿔 쓴다. 아는 만큼 보인다는 말이 맞다.

「낙화생」이라 쓴 제목을 들여다본다. 나비 모양 노란 꽃의 수정은 '작품 착상', 자방병이 내려가는 건 '작품화 과정', 땅콩은 '완성된 작품'으로 비유해 풀기로 한다. 기본을 다져가니 쓰는 데 한 달씩 걸리지는 않을 것이다. 물론 어느 '글곡'에 복병이 있어 헤매게 할지 알 수 없지만 희미하게 드러난 길로 한 걸음씩 내디딘다. 잘 영근 땅콩처럼 야무진 답하나 나를 기다리고 있으면 좋겠다.

나의 명의

어느 날, 새집에 커튼을 달던 이반 일리치가 사다리에서 떨어진다. 창틀 손잡이에 옆구리를 부딪쳤으나 통증이 이내 사라진다. 그러다 가끔 배 왼쪽이 묵직하고 입안에 이상한 맛이 도는 걸 느낀다. '잘 한다'는 의사를 찾아 진료를 받는다. 진단과 치료가 제각각인 가운데 병은 깊어 간다. 어떤 의사는 유주신과 맹장염 사이에서 갈피를 못 잡다 맹장염이라 '찍어' 고민을 해결한다. 이반 일리치는 적개심을 느낀다. 개인의 생사가 걸린 문제 앞에서 의사는 냉혹할 정도로 무심하다는 사실에. 그러다 깨닫는다. 판사였던 자신이 법정에서 피고를 대할 때 수천 번 넘게 써먹은 방법과 일치한다는 걸.

톨스토이 소설 『이반 일리치의 죽음』의 일부다. 주인공

병명은 끝까지 오리무중인 채 글은 끝난다. 나는 읽는 동안 감정이 이입되었다. 환자가 느꼈을 불안과 답답함에 가슴 아팠다. 내가 기억하기 싫은 사람들이 차례로 호출되었다.

팔 년 전 무릎뼈 미세천공술을 받았다. 연골이 끊어져 무릎뼈가 드러나서였다. 늦어도 육 개월이면 정상 보행할 수 있을 거라던 의사 말은 공수표였다. 이후 다리 통증과 더불어 살고 있다.

도시의 큰 병원을 전전했다. 어느 시기, 텔레비전에 나온 '명의' 두 분을 만났다. 한 분은 내가 가져간 수술 CD와 MRI를 본 후 시술을 결정했다. 거북이걸음으로 예약 날이 왔다. 마취에서 깨니 무릎에 붕대가 감겨있었다. 흰 가운 입은 남자가 퇴원해도 된다는 말을 남기고 가버렸다. 이 상황은 뭔가? 관절경을 넣었는데 통증의 원인을 찾을 수 없었다는 뜻으로밖에 이해할 수 없었다. 나는 따져 묻고 싶었으나 분노를 접었다. 전문가인 그들을 어찌 상대할 수 있다는 말인가. 다리를 끌며 삼백 킬로미터를 되돌아 내려왔다. 원점이었다.

심신에 상처를 입으면서도 갈망을 버리지 못했다. 몇 해후 다른 분을 찾아갔다. 내 오른쪽 다리 모양에 변형이 오고 좌측에 비해 가늘어진 상태였다. 의사의 첫 마디가 정신과 치료를 받고 싶냐는 거였다. 처음엔 잘못 들었나 싶어 "네?"라고 했다. 그러자, 일 년 동안 열심히 운동장을 돈 후 다시 오면 다리를 봐주겠다고 했다. 내가 가져간 영상들을 본 결론을 그는 그렇게 표현했다. 병이 중해져야 병명을 찾아낼 이들에게 SOS를 청한 내가 미련곰퉁이로 여겨졌다. 슬펐다. 저번보다 더 먼 길을 되짚어 오며 마음먹었다. 처방받은 진통제나 삼키면서 그냥 살자고.

근래에는 우측 고관절 앞쪽과 엉덩이까지 당겨 참을 수가 없다. 불편한 다리로 애써 걷는 걸음이 만든 통증 정도가 아닌 모양이다. 하는 수 없이 종합 병원을 찾았다.

"고관절 이형성증입니다. 연골도 많이 찢어져 있어요. 고관절 비구가 대퇴골두를 충분히 덮지 못하는 부메랑 모양을 하고 있네요."

골반 통증은 1년쯤 전부터 시작된 것 같은데 기형이라니. 의사는 찢어진 연골 다듬는 수술을 하면 잠깐은 좋아질 거라고 했다. 하지만 관절염 진행 속도가 심각할 정도로 빨라질 거라서 권하지 않는다고 했다. 의사는 변형 부분을 교정하는 고관절 절골술 얘기를 꺼냈다. 60대 이상이면 권하지 않는 수술이지만 이 분야를 잘 보는 분이 있으니 의뢰서를 써 주겠다며.

무쇠 신발을 신은 듯한 걸음으로 진료협력센터로 갔다. "소개받은 분이 병원을 그만두셨네요. 전에는 거기 계셨던 게 맞습니다." 담당자가 다른 병원을 연결해 주겠다고 했다. 예전 '나의 명의'들이 생각나는 순간이었다. 또 어떤 분을 만나게 될지 긴장되었다.

이 지역 대학병원 의사는 환자의 말을 경청하는 분이다. 하소연하듯 병의 경과를 풀어낸다. 무릎 MRI부터 판독하더니 뼈끼리 맞닿은 부위가 허옇게 변한 데를 가리킨다. 이렇게 되어가느라 아팠던 거라는 말에 설움이 씻긴다. 골반 문제는 참을 수 있는 데까지 견디다가 인공관절 하는 방향으로 가잔다. 지금도 견디기 힘든 일상이라 생각할 여유 달라는 말을 남기고 병원 문을 나선다.

병을 조금이라도 가볍게 해 줄 이를 찾는 숙제는 산 동안 계속될 수밖에 없다. 나이가 들어가는 만큼 아픈 데가 늘어날 테니까. 내가 잘 모를 뿐이지, 측은지심 갖고 꼼꼼히 봐 줄 이가 있지 않을까.

나를 좀 봐주세요~. 내 안에서 절실함이 말을 건다.

춤

 썼다가 지우고 지웠다가 쓴다. 밑그림을 그려보고 시작한 작업이건만 풀리지 않는 매듭처럼 막막하다. 커서의 깜빡임이 원고 마감일 독촉 같다. 글이 안 풀릴 때 책상에서 버티기보다 산책을 나서라던 지인의 권유가 등을 민다.

 걸어서 삼십 분 거리에 신라 때 사찰 영축사지가 있다. 문수산을 뒷배로 둔 절터로 향한다. 길가 석축에 눈이 간다. 담쟁이덩굴이 말라붙어 추상화를 그려 놓았다. 갈색의 가늘고 굵은 줄기가 불규칙한 듯 얽혀 있지만 나는 지향점을 안다. 한번 담을 타기 시작하면 몇십 년이 걸려도 끝내 오르고 마는 근성. 개구리발가락 같은 붙음뿌리, 그 시간의 흔적을 만진다. 나무인문학자 강판권의 말이 떠오른다. "전문가의 기본 조건 중 중요한 것은 한 분야에 대한 집념 그리고 연습과 실행 정신"이라며 담쟁이를 식물계의 전문가라 칭했다.

요즘 한 남자에게 자꾸만 눈이 간다. 서른 살의 그. 첫인상은 차분한 듯 차가웠고, 오만한 듯 진중해 보였다. '흠, 자부심에 차 있군. 얼마나 뛰어나길래?' 평소에 내 관심 분야가 아닌 춤에 끌린 이유가 까칠한 호기심 때문이었다.

TV에서 〈스테이지파이터〉란 프로그램을 한다. 발레·현대무용·한국무용 등 세 장르에 64명의 남자 무용수가 경연을 펼친다. 무용수 개개인이 하나의 컴퍼니 조직을 향해가며 무한 계급전쟁을 벌이는 구도다. 두 달 동안 기량을 최대한 보여줘야 하기에 젊은이들의 열정이 통통 튀며 빛난다. 최종 멤버 12인 안에 들어야 글로벌 K댄스 공연팀으로 활동할 수 있다. 낯섦과 신선함이 흥미를 부추긴다.

그는 한국무용 전공자다. 춤사위로 다듬어진 피지컬이 좋고 테크닉과 기본기가 탄탄하다. 주역과 조역 그리고 군무 계급을 나눠 승급과 강등을 가리는 미션을 즐기듯 해내고, 각 계급 안에서 메인과 서브 자리를 쟁취하는 경연에서도 월등했다. 매력적으로 짠 안무도 환호를 끌어냈다. 장르를 넘어 자기만의 색깔과 해석을 선보이는 그에게 빠져들 수밖에 없었다. 심사위원들도 마찬가지였다.

어느 날 이 무용수의 인터뷰 영상을 접하게 되었다. 그가 진로를 한국무용으로 바꾼 시기는 고3 때였다. 꽤 늦은 입문이었기에 "나는 왜 이럴까.", "나는 저걸 왜 못할까." 다른 이들을 보며 열등감에 아파했다. 쉬지 않고 춤을 췄다. 몸에서 수분이 나오지 않을 만큼 자신을 몰아붙였다. 그러다가 문득 찾아든 생각이 있었다.

"춤을, 행복하기 위해 춰야겠구나."

목적을 바꾸자 몸짓은 '흥'이 되었다. 몸은 자연스럽게 음악에 반응하였다. 날개를 단 무용수에게 수상受賞의 기회가 왔다. 최호종은 국립무용단 최연소 부수석까지 오르는 기염을 토했다.

그의 인터뷰가 내 창작 태도를 돌아보게 했다. 누군가가 '가장 좋아하는 일이 뭐냐?' 묻는다면 글 쓰는 것이라 할 테지만, 고통스러워 방황하게 만드는 대상 또한 글이라서 혼란스러웠다. 매일 몇 시간씩 창작하는 루틴도, 가고자 하는 길의 바탕 공부에도 치열하지 않으면서 좌절부터 했다. 그래도 언젠간 완성도 높은 작품을 쓸 수 있으리란 희망은 놓지 않았다. 어설픈 '춤'을 쭈볏쭈뼛 문예지에 내보이면서.

담쟁이는 비바람이 몰아쳐도, 줄기가 꺾이고 짓밟혀도 벽 탈 기회를 포기하지 않는다. 이것이 담쟁이 나름의 흥이다.

대부분의 춤이 독학이라는 최 무용수. 완성형을 배우기보다 그 과정을 아는 게 중요하다고 말한다. 마음이 몸과 동조해 그려내는 기꺼운 춤사위, 아무나 흉내 내기 어려운 그 사람만의 흥이다.

철책이 둘러쳐진 폐사지를 본다. 쌍탑일금당식 가람이었다는 영축사지엔 동탑, 서탑 조각이 금당터 옆에 드러누웠다. 나는 먼먼 신라시대로 돌아가 탑을 쌓는 상상을 한다. 쌓으면 무너지고, 무너지면 쌓는 과정의 반복. 드디어 완성된 모습은 단아하면서도 균형미가 아름답다. 나는 두 손 모아 합장한다.

눈을 감은 채 잠시 그대로 서 있다. 언제나처럼 내가 돌아서면 와르르 무너지는 소리가 환청인 양 들려올 것이기에. 나는 글쓰기의 시간도 이와 비슷하다는 생각을 하곤 한다. 그래서 실망하지 않는다. 탑이 섰던 자리에 탑지가 남는 것처럼 썼다가 지우고, 지웠다가 쓰는 글도 자취를 남긴다. 탑의 복원은 개인의 노력으로 되지 않는 일이지만 나만의 글을 세운다는 건 보다 희망적이다.

등단 후 스물네 해, 글과 행복이란 단어가 나란히 자리한 적이 없었다. 스스로에게 최면을 건다. 글은 행복하기 위해 쓰는 거라고. 무대는 이미 준비되어 있다고. 나는 폐사지 담벼락에 붙은 담쟁이 줄기를 오래 어루만진다.

키보드를 친다. 열 손가락이 춤을 춘다.

수락

통화 종료 버튼을 누른다. 검지손가락이 잠시 갈피를 잡지 못해 흔들린다. 생각이 바뀌었단 말을 다시 할까? 아니, 아니라며 고개를 가로젓는다. 기회를 얻는다는 건 분명 영광이다. 하지만 잘 감당할 수 있을지 고민된다면 신중해야 한다.

통화 이후 기분이 어수선하다. 창밖을 본다. 길바닥에 드러누웠던 하얀 비닐이 바람 타고 부스스 깨어난다. 몇 바퀴 묘기를 부린다. 마치 시간을 거꾸로 돌리는 마법 같다.

'낯익은 이름들이네. 그들이 한다면 나도 할 수 있어.' 삼십 대 후반의 기억이 풀려난다. 남편 직장에서 주부 통신원 너덧 명을 선정했다. 사원 가족 중 사내 백일장이나 그룹 공모전 등에 입상 경력 있는 주부를 대상으로 했다. 홍

보실 직원의 제의를 냉큼 받아들인 건 기죽기 싫어서였다. 사무실 직원과 동행해 사우社友 탐방이나, 지역 예술인 인터뷰 기사 같은 걸 썼다.

두 달에 한 번 내 차례가 돌아왔다. 취재는 재미있으나 원고 20매 분량의 기사를 써야 한다는 책임감은 무거웠다. 수필 좀 끄적인 게 경력의 전부라 답답함에 시달렸다. 마감일까지 써낼 수 없으면 어떡하나 침울해졌다. 괜히 시작했다는 후회를 곱씹었다.

무책임한 사람이 될 수 없으니 이겨내야 했다. 창작 강의를 듣거나, 글쓰기 모임에 기웃거렸다. 설치고 다니기보다 엉덩이를 의자에 붙인 채 쓰고 또 쓰는 게 낫다는 결론을 내렸다. 결과 확인은 백일장에서 나타났다. 입상이라는 성과는 추진력이 되었다.

몇 년이 지나 수필로 등단할 즈음 H사 사보 통신원 제도가 없어졌다. 시원섭섭했다. 벅찼지만 보람 있는 시간이었다. 하지만 벌여 놓은 일 때문에 마냥 자유롭진 않았다. '수필가'란 명함이 의식되었다. 관심 가져 주는 사람 그다지 없지만 형화螢火만큼의 빛이라도 내고 싶었다.

선배가 그랬다. 잘 쓰려면 많이 읽어야 한다고. 익히 들어온 말이 신선한 자극이 되었다. 간절한 마음 탓이었는지 책을 가까이하려 애썼다. 그러다 독서지도사 과정을 밟게 되었다. 일상에 변화가 닥쳐서였다. 아파트 담보 대출로 돈을 빌려준 상대의 사업이 부도났다. 우리가 빚을 떠안게 되었다. 여윳돈 없는 형편에 비상이 걸렸다.

방문수업을 시작했다. 독서 논술 교육 브랜드의 소속 교사로 학생들을 가르쳤다. 몇 년 후엔 홀로서기를 했다. 수업 교재비 떼어가는 비율이 높아서였다. 주말 저녁까지 학생들 집을 돌고, 일요일엔 다음 주 수업 준비에 매달렸다. 끊임없이 수업의 질에 대한 고민이 고개를 들었다. 찰랑찰랑 차오른 물그릇이고 싶은데 항상 덜 찬 듯한 아쉬움이 있었다.

오래전부터 생각만으로 쌓던 성이 있었다. 용기를 내 그리로 향했다. 주중에 방문수업을 하면서 대학원 수업에 참여하는 게 생각보다 벅찼다. 일주일에 사흘, 왕복 6시간 거리의 학교를 오갔다. 내가 과제 발표할 차례가 되면 밤을 새우며 벼락치기를 했다. 짬이 나지 않아서였다. "조 선생, 철저하게 준비해 오지 않으면 졸업 못 합니다!" 미비함이 교수님의 레이더에 걸렸다. 부끄러워 정신이 번쩍 들었다.

사십 대 후반의 인생 그림은 그렇게 채워졌다.

나도 모르게 좋아해 시간을 투자하는 일이 있다. 윤문, 교정, 교열 일이다. 소규모 문학 단체에 편집장을 맡으면서, 문예지 편집위원 일을 하면서 나의 부족함과 맞닥뜨리곤 한다. 여태까지는 해내야 하니까 참고 노력해 왔다면 이제는 즐겨 시간을 투자한다. 비문이어서, 띄어쓰기가 틀려서, 단어가 적확하지 않아 울퉁불퉁하던 문장이 다듬어져 가면 희열이 느껴진다. 가장 고민은 기억력이다. 문법적으로 외워야 할 부분들이 따로 논다. 자꾸 들여다보는 수밖에 없다.

지인들이 문학상 심사에 참여한다. 수필 강좌도 하고 있다. 훌륭한 안목으로 잘 익은 알곡 가려내듯 신인을 발굴한다. 창작 열정을 갖고 찾아오는 이들에게 길잡이가 되어주는 모습이 훈훈하다. 오전에 내 의사를 타진하는 전화를 받았을 때 그들이 생각났다.

푹 끓인 사골국처럼 나를 충분히 우려내 그걸 나눌 수 있을 때 '네!'라고 힘 있게 답해야겠다. 그때 다시 불러준다면.

4. 가을 편지

극이 끝나갈 때

 화면이 까맣게 변하면서 종영을 알린다. 어룽어룽 마음에 드리워진 그림자 탓에 나는 한참 자리에서 일어나지 못한다. 다단한 인생 여정 중 나이듦의 끝자리 이야기를 설득력 있게 담아낸 프랑스 영화 〈아무르〉가 심금을 울린다.

 음악가 부부의 노후는 평온했다. 아내 안느가 받게 된 경동맥 수술이 실패하기 전까지는. 퇴원하던 날 그녀가 작심한 듯 남편에게 말했다. "나를 더 이상 병원에 보내지 말라"고. 병수발은 온전히 조르주 몫이 되었다.

 반신불수 상태로 병이 깊어 가던 안느가 물조차 먹길 거부하는 사태에 이르렀다. 억지로 먹인 물을 뱉자 분노한 조르주는 아내 뺨을 때렸다. 희망도 인간의 존엄성도 사라져 버린 현실, 그들의 등대엔 어둠만 출렁댔다. 마지막까지 고귀한 삶을 갈망했던 안느의 바람을 조르주는 기억하고 있었다. 마침내 '그걸' 실행하기에 이르렀다. 그는 환자 얼굴에 베개를 대고 힘껏 눌렀다. 그리고 안느의 주검을 꽃으로 장식해 준 후 자신도 삶을 마감했다. '아무르', 사랑의 마침표를 찍었다.

80대 부부가 생의 마침표를 찍는 스토리에 소름이 돋는다. 내 두려움의 실체는 죽음이 아니다. 끝점을 향해가는 여정의 지난함이다. 죽음이란 단어에 복이라는 글자가 더해 그것을 '죽음복'이라 칭한 까닭을 이제는 알 것 같다.

오래전에 읽은 책 속 문장인데 잊히지 않는다. "노인들의 내분비물을 청춘기처럼 유지하도록 만들었다가 예순 살 이후 꽝하고 삶의 종말이 오게 하는 것" 올더스 헉슬리가 1932년에 발표한 소설 『멋진 신세계』 속 내용이다. 출생 이전부터 출생 이후의 물리적, 심리적 행복 문제까지 정부가 관리해 주는 시스템. 모든 게 타인에 의해 결정되는 세상이다. 이런 삶을 바라는 사람은 없을 것 같다. 하지만 칼슘과 마그네슘의 비율을 30세 이하로 떨어지지 않도록 하며, 젊은 피를 수혈시키는 등 신진대사를 자극해 60대까지 '젊은 노인'으로 살다 생을 마감하게 한다는 가상假想은

매력 있다. 나는 쉰 살 이후부터 삐거덕거리는 건강 때문에 여러 차례 수술대에 누웠다. 그래서 더 혹한다.

인생은 극劇이다. 거기에서 개개인은 연극의 주인공이다. 능력치에 따라 주어진 역할을 수행하는 게 다를 뿐. 한 번뿐인 생의 기회를 멋지게 쓰는 사람이 있는가 하면 후회로 점철되는 길로 빠져들기도 한다. 그러다 극의 엔딩에선 비슷해진다. 운명이 삶을 거둬가길 수동적으로 기다려야 한다. 병원은 그 시간을 늦춰 줄 뿐이다. 다른 선택지는 없다.

지인들이 사전연명의료의향서를 썼다. 생명 연장이나 통증 완화를 위해 병원에서 필요 이상의 처치를 받지 않겠다는 의지의 표현이다. 환자가 오래 병상에 있으면 보호자까지 늪에 빠지는 경우가 흔하다. 육체적 정신적 고통과 경제적 궁핍에까지 내몰린다. 더러 도덕과 윤리를 망각한 범죄로까지 이어져 눈살을 찌푸리게 한다. 노령 인구의 비율이 늘어나면서 고령이 어느덧 사회 문제가 된 현실이다. 나도 이제 집 근처 보건소로 가 마음속 다짐을 서명으로 남겨야겠다.

신문을 넘기다 시선이 묶인다. 죽음의 존엄성까지 인정

받고 싶은 간절한 마음을 품은 환자들이 스위스행을 결정한다는 기사다. 한국은 아직 존엄한 죽음을 받아들이고 준비하는데 소극적인 까닭이다. 조력 사망 지원 단체에 가입하는 이들이 해마다 늘어난다는 내용에 착잡해진다. 어디까지 인간의 개입이 허용될까. 참을 수 없는 통증을 마약성진통제에 의지하며 하루하루 연명하라 한다면? 그것도 사랑하는 가족을 볼모로. 나는 고개를 가로젓는다.

논산 쌍계사 대웅전 아름드리 기둥 중에 칡덩굴 기둥이 있다. 윤달이 드는 해에 이 기둥을 한 번 안으면 하루, 세 번 안으면 사흘 앓다가 간다는 전설이 전해온다. 올해 마침 윤달이 들었으니 가 보려 한다. 허구라 한들 어떠리. 언젠가는 찍어야 할 마침표, 기왕이면 원하는데 찍어놓고 기다리고 싶다.

차량이 톨게이트를 통과해 질주한다. 마침내 극이 무대에 오른 기분이다.

채무를 기억하는 시간

─────

 아파트 현관을 나선다. 문 앞 공터에 정오의 햇살을 받고 있는 미끄럼틀만 거인처럼 우두커니 서 있다. 꼬마들 낮잠 시간이어서인지 적막감이 맴돈다. 아파트 출입구 앞 조붓한 공간은 어린이집 마당 역할도 겸한다. 놀이터이자 운동장이며 채소를 키우는 학습의 장이다. 그래서 종알종알 귀여운 언어들이 고인 장소다. 노랗고 붉은 칠이 어우러진 단층 건물을 돌아나가며 창문 안쪽을 넘겨다본다. 어둑한 실내엔 낮잠 이불이 줄줄이 깔려 있고 잠든 천사를 보육교사가 나풀나풀 살피고 있다.

 아이들이 각자 제 이불에 눕는다. 모방을 좋아하는 서너 살 꼬마들이 잠자기 놀이하듯 이부자리에 든다. 눈꺼풀이 무거워지면서 콜콜 잠이 든다. 큰딸이 3살짜리 외손녀를 어린이집에 보내면서 들려준 낮잠 풍경이다. 눕기를 거부하는 아이는 교사가 한쪽에서 조용히 놀아준다. 나는 손에 쥔 휴대폰이 울리기라도 할까 봐 어린이집을 서둘러 지나친다.

큰딸이 차량으로 반 시간 거리에 산다. 개인사업자인 맏사위가 쉬는 날이 거의 없는 데다 귀가도 한밤중이라 독박 육아 중이다. 첫 아이를 낳고 새싹 같은 생명체 만지기 겁난다며 친정 문턱이 닳도록 드나들더니, 둘째를 낳자 두 아이와 씨름에 지쳐 친정엄마 찬스를 꽉 움켜쥐고 있다.

두벌새끼라서 그런가? 내 자식을 키우던 감정보다 끈끈한 애정을 느낀다. 예전에 내가 초보 엄마였을 때도 육아는 부담스럽고 두려운 과제였다. 친정은 멀었고 세탁소 일로 바쁜 엄마에게 기댈 엄두도 내지 못했다. 자식 키우는 건 여자의 일이라 경계 지은 남편 때문에 나는 두 살 터울의 자매를 돌보며 전쟁 같은 시간을 보냈다. 월세살이로 가난에 찌들기까지 했으니 나는 칭찬에 인색하고 짜증 많은 엄마였을 것이다. 하지만 할머니로서 손주에게 향하는 태도는 다르다. 눈빛에, 손길에, 목소리에 감출 수 없는 사랑이 출렁댄다.

아이들과 함께 있으면 내 시간은 거의 없다. 하나에서 열까지 어른의 관심과 손을 빌리지 않으면 생존할 수 없는 존재인 탓이다. 이들이 과거의 나이고 미래의 어른이다. 그래서 난 중요한 숙제를 성심껏 해내고 있다. 아이의 맑은 눈 속에 눈부처로 들어앉아 미소 짓는 현재의 나처럼 내 어머니 눈길 속 나도, 외할머니의 눈우물 속 어여쁜 아가였던 어머니도 숨어있다. 그렇게 삶이 이어져 왔으니 세상 모든 어른의 핏속엔 '빚'의 유전자가 흐른다. 티 없이 순수한 존재가 무한의 신뢰로 답하는 미소는 과거에서 현재로, 현재에서 미래로 세대를 이어가는 아름다운 삶의 밑그림이 되고 있다. 내리사랑이다.

일곱 살, 세 살 그리고 둘째 딸 소생의 돌쟁이까지 합류해 부대끼다 보니 녀석들에게 반해 '새싹'들 문제에 흥분 잘하는 할미로 변해있다. 텔레비전을 보다가 이 세상 손주들의 아픈 소식을 접할 때면 가슴이 먹먹하다. 요즘은 잊을 만하면 터져 나오는 아동 폭력 사건 때문인지 다섯 살 꼬마 제제가 자꾸만 생각난다.

제제가 가장 슬펐던 날의 이야기다. 실직한 아빠가 흔들의자에 앉아 우울한 표정을 짓고 있는 걸 보고 제제는 기분을 풀어주고 싶었다.

"나는 벌거벗은 여자가 좋아. 벌거벗은 여자를 원해. 밝은 달빛 아래서…."

악보 파는 아리오빌도에게서 배운 노래를 불렀다. 멋진 탱고 리듬을 아빠도 좋아할 것 같아서였다. 하지만 장난꾸러기 아들놈이 자신을 놀린다고 오해한 아빠는 "다시 불러봐"를 반복하며 미친 사람처럼 뺨을 때리고, 허리띠를 풀어 휘둘렀다. 천 개의 손가락이 달린 것처럼 허리띠가 제제의 몸 구석구석을 훑었다. 이성을 잃은 아빠에게 공포에 찬 자식의 눈물 따윈 보이지 않았다.

J. M. 바스콘셀로스가 1968년에 발표한 소설 『나의 라임오렌지나무』 속 장면이다. 제제 아빠는 실직에 대한 불안과 고통을 자녀를 통해 분출한다. 영문을 알 수 없었던 아이는 영혼에까지 깊은 상처를 입어 아버지란 존재를 마음에서 지운다. 어른이 아이를 훈육할 때 여타의 감정이 개입되면 폭력이 되기 쉽다.

한 보육시설에서 교사가 낮잠을 거부하던 돌쟁이에게 이불을 덮어씌우고 무릎으로 눌러 질식하게 만들었다. 두 돌이 안 된 여아를 입양한 여인이 아이에게 상해를 입혀 몇 차례 병원에 드나들게 만들더니 결국 돌아올 수 없는 곳으로 보냈다. 초등학교 저학년 형제를 둔 엄마가 외박을 했다. 배가 고팠던 아이들이 라면을 끓여 먹으려다가 불을 냈다. 동생은 사망하고 형은 중화상을 입었다.

이런 사건을 접할 때면 미안함과 안타까움에 안절부절 못한다. 아이가 어른에게 의지해야 할 시기를 건너고 있을 땐 안전하게 목적지에 닿을 수 있게 갚아야 할 빚이 있음을 기억해야 한다. 아이를 아프게 하는 어른이 있다면 옆구리 찌르며 빚 갚으라 채근하고 싶다.

"우리 할머니 나랑 달리기 할 수 있게 고쳐주세요."

삐뚤삐뚤한 데다 띄어쓰기조차 안 된 손자의 일기를 어느 날 읽게 되었다. 노랑 병아리 같은 유치원생의 치사랑에 부채가 더해진 느낌이다. 하지만 기분은 창공을 가르는 새가 된다.

방점

아파트 내 헬스장으로 들어선다. 회원 등록을 해놓고 어디로 훌쩍 떠나고 싶은 날 이곳을 찾곤 한다. 좌식 자전거는 안장이 낮고 등받이가 있어 편하다. 다른 걸 찜한다. 높은 안장에 엉덩이를 걸치고 상체를 꼿꼿하게 세워야 하는 것으로. 등받이가 없으니 활동성 있고, 실외용 자전거 느낌이 들어서 좋다.

블라인드를 천장까지 올리자 시야가 트인다. 자전거에 앉는다. 화단이, 농구장이, 진입로가 눈에 들어온다. 페달을 돌린다. 목적지는 늘 정해져 있다. 나를 추억 속으로 데려간다. 금세 울산을 벗어난다. 낙동강변을 지나 안동댐으로 질주한다.

초등학교 6학년 때 처음으로 자전거를 배웠다. "넌 못 타지?" 약 올리는 짝꿍에게 내가 더 잘 탄다고 큰소리치고 온 날이었다. 우리 집엔 세탁소에서 쓰는 짐실이 자전거밖에 없었다. 아버지가 집을 비운 틈을 타 학교 운동장으로 끌고 갔다.

담장 옆 턱을 디딤돌 삼아 높은 안장에 겨우 엉덩이를 걸쳤다. 또래들보다 키가 커 다행이었지만 제멋대로 휘청대는 핸들바를 감당하기엔 힘이 모자랐다. 균형을 잡다가 나동그라져 흙강아지가 되었다. 팔과 다리에 멍이 들고 손목이 시큰거렸다. 거짓말쟁이라 놀림당할 수 없다는 자존심이 몇 시간째 나를 버티게 했다. 자전거를 끌고 나가는 걸 보고도 모른 척해 준 엄마가 어둠이 깔리는 운동장으로 들어섰다. 걱정과 화가 뒤섞인 표정이었다. "한 바퀴만 더 돌고 갈게~" 의기양양 지나치는 나를 보고 못 말리겠다며 엄마도 웃고 말았다.

옥이와는 여고생이 되어서도 곧잘 의기투합했다. 공부하겠다고 만나서는 은륜에 몸을 싣고 동네를 쏘다녔다. '그날'도 그랬다. 고등학교 2학년 기말시험을 준비하다 둘은 훌쩍 집을 나섰다. 한 시간 거리의 안동댐 정상을 찍고 오기로 했다.

강변에 이르렀다. 유장하게 흐르는 강이 또 다른 길동무가 되어주었다. 본댐은 만만찮은 경사길 끝에 있었다. 넓고 푸른 호수를 눈 아래 두면 성취감 같은 것이 가슴을 벅차게 했다. 우리는 그 순간을 즐겼다. 허위허위 꼭대기에 올라 잠시 호흡을 가다듬었다. 그러고는 누가 먼저랄 것 없이 바삐 자전거를 돌려세웠다. 기말시험이 여유를 앗아갔다.

자전거 브레이크를 잡았다 놨다 하며 내리막길에서 속도를 조절했다. 바람에 옷자락이 파라라락 떨고 머리카락이 뒤통수에 모여 망토처럼 흩날렸다. "와~ 좋다~" 기분을 내는 데 갑자기 '탁' 소리가 들렸다. 가속도가 붙기 시작했다.

눈앞에선 차량이 꼬리를 물고, 길 가장자리를 보니 안동호의 시퍼런 물이 일렁댔다. 심장이 제 맘대로 날뛰었다. 멈출 방법은 두 가지였다. 사거리에서 방향 틀 때 넘어지거나 안동호에 빠지는 것. 수영을 배운 적 없는 나에겐 한 가지 선택지밖에 없었다.

"왼쪽 게 터졌나? 그럼 오른쪽 브레이크를 잡아. 짧게, 짧게 끊어서!"

어느새 곁에 붙은 친구가 외쳤다. 앞바퀴 브레이크를 잡으라는 거였다. 속도가 서서히 줄었다. 교각 근처에서 질주가 끝났다. 친구에게 고맙다는 말도 못 했다. 어떻게 집에 왔는지 기억에 없다. 그 후 내 안에 두려움이 웅크린 방이 생겼다. 시간이 흐른 뒤 그 방문을 열어보려 했으나 번번이 좌절을 맛보았다. 방 열쇠 둔 곳을 망각할 만큼 세월이 성큼 흘러버렸다.

삼십 년이 흐른 후 자전거앓이가 시작되었다. 동천강을 이웃해 살면서부터다. 둔치로 산책을 나가면 은륜에 몸 실은 사람들이 지나쳐 갔다. 나도 예전엔 자전거 꽤나 탄 사람이었다면서 애써 무시했다. 그런데 강바람이 머리카락을 들어 올리며 귀엣말을 했다. 자전거만 타면 행복해한 아이가 너 아니었냐고, 자꾸만 속삭였다.

"새카맣게 그은 가시나가 자전거 타고 나가면 종일 집에 올 생각을 안 했다카이."

내 학창 시절 얘기만 나오면 엄마는 요즘도 머리를 절래절래 흔든다.

산책을 나가도, 집에 있어도 자전거 생각밖에 안 났다. 그러던 어느 날 나는 튕기듯 나가 자전거포에 들렀다. 그

동안 눈여겨봐 둔 하이브리드자전거로 샀다. 산악자전거보다는 가볍고, 속도감 즐기는 이들이 타는 로드바이크보다는 핸들바 조작이 쉽고 안정감이 있었다. 옛 실력을 발휘해 볼 요량이었다.

이상했다. 차가 옆을 지나거나 행인이 있으면 안장 위에서 몸이 굳어졌다. 균형감이 흐트러져 휘청거렸다. 사고가 날 것 같아 자전거를 끌고 다녔다. 주변이 한적하면 용기를 냈다. 타는 시간보다 끄는 시간이 많았다. 시간이 흐르면 나아지리라 스스로를 달랬다. 그러나 반년이 지나도 두려움이란 괴물을 몰아낼 수 없었다. 그 방문을 잠근 게 나였으니 열쇠를 찾아 해결하는 것도 내 몫이었다. 차츰 자전거에 먼지가 쌓여갔다. 나는 그걸 아프게 바라보았다.

"이사 가게 돼서 파신다구요. 새것 같은 중고 자전거네요."
구매자가 만족해하며 좋은 값을 쳐줬다.

그 옛날, 친구 덕에 사고 위기를 넘기고도 두려움에 함몰되어 버렸던 나. 당시에 지혜와 용기에 집중 못 했던 선택이 아쉽다. 같은 상황이라도 방점을 어디에 두느냐에 따라 의미는 달라지는 법이다. 드디어 열쇠의 행방을 알게 되었다. 지금이라도 방점 위치를 옮기면 되는 거다.

 상체를 꼿꼿하게 세우고 페달을 힘껏 밟는다. 마음은 체육관 앞 사거리 자전거포로 달려가고 있다.

삼백재

내 방 책장을 살핀다. 거실에 둔 것까지 합하면 삼천 권 가량 되겠다. 완독 도서는 어쩌다 만나는 친구처럼 띄엄띄엄 보인다. 책이 많아진 것은 서른 즈음의 허기 탓이다. 당시엔 월세방을 전전할 만큼 생활이 궁핍했다. 어린 자매 육아로 심신까지 지쳐있었다. 일상에서 나만의 작은 휴식처를 갈구했다. 어쩌다 찾아낸 것이 책이란 그늘이었다. 거기서 짬짬이 한숨 돌렸다.

기억력이 좋지 않아 책에 밑줄을 긋고 옆에다 생각을 메모하며 읽는 습관이 있다. 도서관 책에는 그걸 못해 반납 시 기억까지 따라 보내는 느낌이었다. 책을 사 모으게 된 또 다른 이유다.

머리가 나빠 책을 수천수만 번씩 읽었다는 인물이 있다.

17세기 문인 김득신(1604~1684)이다. 한식날 말을 타고 가던 그에게 좋은 시 한 구절이 떠올랐다. "마상봉한식馬上逢寒食"이라 중얼거렸다. 이어갈 좋은 표현을 찾지 못해 끙끙거렸다. "도중속모춘途中屬暮春", 그때 말고삐를 잡은 하인이 이 구절을 읊었다. 김득신은 "네가 나보다 나으니 내가 고삐를 잡고 네가 말을 타야겠다"고 탄식하였다.

이 시는 서당에서 한시 배울 때 필독서 『당음唐音』에 실린 「도중한식途中寒食」이라는 작품 일부다. '말 위에서 한식날을 맞이했으니, 나그네 길 가는 중에 늦봄 되었네'라는 뜻이다. 어려서부터 수없이 외웠던 시를 순간적으로 자기 창작이라 여긴 김득신, 하인은 주인이 읊던 구절을 뜻도 모르고 따라 했던 거였다.

여고 2학년이 되자 나는 학교생활이 벅찼다. 문과 이과로 나눌 때 간호사관학교에 가고파 이과를 선택했는데 그게 가시밭길이었다. 수Ⅱ 과정 따라가기가 힘들었다. 머리가 나쁘다는 절망감은 다른 공부까지 놔버리게 했다. 김득신은 이런 학창 시절을 생각나게 했다. 그의 삶을 파고들었다. 알아갈수록 혀를 내두르게 하는 선비였다.

『한서漢書』, 『장자莊子』 등도 지문이 닳도록 읽었다지만

『사기史記』「백이전伯夷傳」의 경우는 억만 번을 봤단다. 「백이전」이 788자에 불과해도 엄청난 노력가임에 틀림없다.

어렸을 적 잦은 질병이 지각 능력을 저하시켜 열 살이 되어서야 글을 배우기 시작했다는 그. 아버지는 느리고 아둔한 아들을 나무라거나 질책하지 않았다. 오히려 노력하는 자세를 자랑했다. 59세 때 과거에 급제한 김득신, 당대를 대표하는 시인 반열에 올라 이렇게 회자되고 있음은 믿음과 사랑이 이끌어낸 인간 승리다.

"니는 손가락이 길고 손끝이 쭉 빠졌잖아. 그런 손은 재주가 많단다."

학교 성적 때문에 상심하는 내게 엄마가 들려준 말이다. 당신이 못 배운 한을 딸이 풀어주길 바랐기에 속이 까맣게 타들어 갔을 것이다. 하지만 내색한 적이 없다. 엄마가 심경을 표현한 건, 내가 마흔 되던 해 등단 소식을 전했을 때였다. "그 손으로 뭔가 이뤄낼 줄 알고 기다렸어. 내 딸이 수필가가 되었구나" 함박웃음 지었다. 나는 주먹을 꽉 쥐어 보이며 파이팅을 약속했다.

억만재億萬齋라 불리는 곳이 있다기에 찾아 나섰다. 충북 괴산 괴강이 내려다보이는 자리에 정자 취묵당이 있었다.

독서당 편액은 없었지만 마루에 오르니 중수기가 있었다. 만 번 이상 읽은 책이 서른여섯 권이나 된다고 기록한 독수기도 보였다.

비바람과 시간의 손길에 결이 드러나고 색 바랜 마루를 만졌다. 어느 한구석 그의 책 읽는 소리와 숨결 닿지 않는 곳이 있으랴. 손끝이 떨렸다. 「백이전」을 억만 번 읽어 억만재로도 불린다는 정자. 미치지狂 않으면 미칠及 수 없기에 그는 오로지 한 가지에 집착했을 것이다. 내 방 만서재는 많은 책을 소유하는데 방점을 둔 욕망의 흔적이란 점에서 문득 부끄러웠다.

언제 또 오랴 싶어 그의 묘역에 들렀다. 하얀 천을 펼친 듯 개망초꽃이 빼곡했다. 꽃은 김득신의 독수기로 읽혔다. 고인에게 물었다. "공부가 하고 싶어 어이 눈을 감았나요?" 그에게 책은 신혼 첫날밤에도, 딸을 여의고 장례 행렬을 따라가면서도, 아내상을 당해 곡을 하면서도 놔버릴 수 없었던 운명 같은 거였기에.

집으로 돌아와 서재명을 바꾼다. 허영심의 흔적인 만서재를 떼어내고 삼백재三百齋라 방문 앞에 써 붙인다. 야무지게 읽고, 의미 있는 책 삼백 권만 남기겠다는 나름의 독서

계획이다. 스무 권이라도 수백 수천 번을 읽어 나도 독수기를 남겨볼까 하는 생각이 스친다. 스스로의 부족함을 인정하고 노력한다면 못 할 것도 없겠지.

   책장에서 두툼한 책 한 권을 뽑아 든다.

외출

아침부터 바쁘다. 집에서 한 시간 거리지만 아홉 시 이전에 도착해야 해서다. 사람이 허둥대니 차도 긴장한 듯 꿀렁꿀렁 주차장을 벗어난다. 그때 가방 속에서 벨 소리가 들린다.

"애들 때문에 못 가서 미안해 엄마. 잘 다녀와."

전화 속 큰딸 목소리가 무겁다. 나는 아빠가 동행하니 걱정 말라며 나중에 보자 인사를 남긴다.

평소처럼 나누는 말, "잘 다녀와", "나중에 보자"라는 표현이 감정선을 훅 건드린다. 열흘 전 그 낱말의 돌부리에 걸렸던 탓 같다. 이웃에 사는 내 또래 남자가 실종되었다. 가끔 깜빡하는 증상이 있긴 했어도 자주 운동 다니는 산으로 가는 거라서 아내는 걱정하지 않았다. 남자는 첫날 등산로에서 길을 잃었고, 당황한 탓인지 사고로 이어졌을 거라는 추측을 했다. 사흘 만에 찾았으나 사망한 후였다

대학병원 본관 건물 4층 '낮 병동'으로 들어선다. 간호사가 이름과 주민등록번호를 묻는다. 5번 침대에 준비해 둔 옷 갈아입고 대기하란다. 이 병동은 시술이나 수술 전후 환자가 당일 머무는 장소다. 먼저 들어간 수술 환자가 예정 시간을 넘기면 대기가 길어진다더니 정오가 돼도 무소식이다. 언제 호명될지 몰라 초조한 가운데 생각이 많아진다.

누구나 거부하고 싶어 하는 그것을 나는 오십 대에 마주했다. 처음엔 뜸하더니 예순 고개 넘으니 부쩍 일상을 흔든다. 여러 차례 수술대에 누웠다. 이번엔 허리신경 차단술을 예약했다. 큰 수술이 아님에도 수술동의서에 체크하며 사망이란 단어 앞에서 멈칫댔다. '그의 외출'을 잊지 못한 까닭이었다.

"갔다 올게"라며 귀가를 약속하던 남자의 뒷모습이 한동안 어른댔다. 사람들이 평소에 입버릇처럼 하는 인사말, 그것이 얼마나 아름다운 약속이었는지 나는 깨달았다. 그의 나이 예순 중반이었기에 인생의 종착역까지는 생각해 보지 않았을 터. 눈을 감는 순간까지 남겨 두고 온 것들 때

문에 슬픔과 후회로 얼마나 가슴 아팠을까. 이 일이 내게 등한시해 오던 조금 특별한 청소에 관심을 갖게 했다.

데스 클리닝, 스웨덴에서 시작된 문화로 죽음death과 청소cleaning를 합쳐 만든 조어다. 살아 있을 때 죽음을 준비하며 자신의 소유물을 줄여나가는 거다. 본인 사후 유품과 맞닥뜨릴 가족에게 부담될 만한 건 과감히 버리거나 기부를 한다. 고독사나 범죄 피해 등 갑작스러운 죽음을 대비하여 미리 사생활을 정리한다는 측면도 있다. 요가의 '단행斷行, 사행捨行, 이행離行'에서 유래한 말인 단사리斷捨離와도 상통하는 말이다. 불필요한 것을 끊고, 버리고, 집착에서 벗어나면 홀가분해질 것이다.

불 위에 둔 밥솥의 뜸을 너무 오래 들이면 탄다. 생각도 길어지면 잡다한 고민거리가 끼어들면서 실천을 방해한다. 나는 생전 정리의 기술적 방법을 찾다가 시작도 못 한 채 병원에서 시술 대기 중이다. 시작이 반이다. 집으로 돌아가면 버리기捨로 첫발을 떼보리라 마음먹는다.

"정형외과 조미순 님, 수술실로 이동하겠습니다."

나를 호출하는 소리다. 이동 침대에 누워 낮 병동을 벗어난다. 복도를 지나고 몇 차례 모퉁이를 돈다. 어지럼증과 긴장감에 휘둘리는 몸. 수술 대기실에 잠시 멈추고 이름과 주민등록번호를 재확인한다. 의료진이 내 몸에 장비를 부착한다. 파란 수술 모자를 쓴 채 수술대에 엎드린 나. 무기력한 짐승이 되어버린 것 같다.

마취에서 깨어나자 안쓰럽게 바라보는 남편의 눈길과 마주한다. 나는 입꼬리를 천천히 끌어올리며 고개를 끄덕인다. "엄마 잘 다녀와." 딸의 목소리가 귓전에 생생하다.

무거운 외출을 끝내고 다시 시작이다.

할미별

딸각, 방문 닫히는 소리다. '공부방에 들었다'는 아내의 신호다. 거실 텔레비전 음량을 줄인다. 수업에 쓰는 교재가 늘어 준비시간이 길다. 오후에 책가방을 들고 집을 나서면 화, 금요일엔 밤 열 시가 넘어야 귀가하는 집사람. 어쩌다 시작하게 된 방문교사 일이 오 년째다. 근래엔 고관절 통증을 호소해 수업을 그만두라 권해 봐도 고집이 세다.

아내가 진통제부터 찾는 날엔 내가 운전대를 잡고 동행한다. 해거름에 벨을 누르면 "공부 할머니다!" 외치는 소리와 함께 현관문이 열린다. 처음엔 손자 수업만 하다가 일곱 살 손녀까지 가르친 지 일 년이 넘었다. 개구쟁이들과 한판 씨름을 앞둔 아내 표정을 슬쩍 살핀다. 눈에서 꿀이 떨어진다.

"유치원 등원도, 학원도 못 보내고…. 내년에 취학할 애를 집에만 붙잡아 둬야 하는 게 걱정이에요."

코로나 팬데믹이 시작되자 사위가 확진되었다. 두 아이를 데리고 큰딸이 친정으로 피신와 한숨처럼 뱉은 말이다. 일상의 질서가 무너진 상황에서 모두 우왕좌왕할 때 젊은 엄마는 아이들 학습 문제에 무심할 수 없었다. 내가 한마디 거들었다.

"그러게. 할머니 아픈 다리 고쳐주는 의사 되는 게 우리 손자 꿈인데."

한글 단어를 선별적으로 읽는 정도의 손자. 외부인과 접촉을 피하면서 공부시킬 방법은 엄마가 가르치는 거였다. 하지만 어린 둘째 때문에 죽도 밥도 안 될 판이었다.

"궁하면 통한다"는 말이 있다. 아이들 교육 빗장이 풀릴 때까지 아내가 학습 도우미를 자처했다. 독서논술교사 경력이 손주들에게 쓰일지 몰랐다면서.

아내가 놀란 눈치였다. 수업 시작하면 두 시간을 거뜬히 버텨내고, 고사리손으로 반듯하게 글씨를 써내는 유치원생의 의젓함에 심쿵했단다. 한자까지 배우고 싶어 하는 의욕에 가르칠 맛이 더한다고 했다. 한글을 무리 없이 읽고 쓰는 데까지만 봐주려 가볍게 시작한 일이었다. 그런데 녀석이 놔 주려 하지 않았다.

"교육비 부담도 덜어줄 겸, 그래 같이 가보자."

이렇게 합의되었다. 수업은 독서와 글쓰기 외에 한국사까지 뻗어나갔다. 학년이 올라가면 학습 과목에 호불호가 갈릴 테니 그 전에 역사를 접하게 한다는 전략이었다.

여러 해가 흘렀다. 집사람의 목표를 알게 되었다. 아이들이 하고 싶은 일, 잘할 수 있는 일을 찾게 이끄는 작은 빛이 되고자 하는 것이었다. 무엇보다 걸어가야 할 방향을 알고 걸음을 떼야 보다 행복하게 나아갈 수 있다고 했다.

아내는 문과 성향이었으나 확신이 없어 딴 곳을 서성였다. 돌고 돌아서야 마음이 원하던 수필가의 길을 가고 있다. 글이 잘 써지지 않을 때마다 진작 이 길로 들어섰더라면…, 한숨 섞인 넋두리를 한다.

두 아이를 한자자격시험장에 들여보내 놓고 큰딸과 우리 부부는 건물 밖에서 기다렸다. 아내는 손녀가 신경 쓰이는 눈치였다. 주, 객관식 50문항을 풀고 답안지를 따로 제출하는 방식인데 시험을 처음 치는 꼬마 심장이 마구 요동치면 어떡하나 우려했다.

"우리 시험 치고 왔어요~."

동생은 8급, 오빠는 6급 시험을 쳤다. 홀가분해 보이는 손자와 달리 손녀는 멍한 표정이었다. 아내가 "힘들었지?" 하고 묻자 울먹였다. 답안지 중간부터 번호를 밀어 쓴 걸 답지 끝에서 알아챘다고 했다. 볼펜으로 작성한 답안을 연습한 대로 두 줄로 긋고 다시 썼다며, 그렇게 하면 되는지 물었다. 집사람이 엄지척을 했다. 눈물방울이 또르르 흘러내리는데 아이 눈은 웃고 있었다.

손주들은 아내를 공부 할머니라 부른다. 글 쓰는 사람이라 대부분의 시간을 책상에서 보내고, 또 자신들의 학습을 돌봐 주기 때문에 그런 이미지가 든 모양이다. 호칭에서 읽히는 신뢰감이 좋다.

손자의 꿈이 과학자로 바뀌었다. 수학 과학에 흥미가 크니 이과가 적성인 듯하나 속단은 이르다. 손녀는 아이돌, 간호사, 교사, 약사 등 되고픈 게 많다. 색을 명도와 채도 따라 배열한 색상표에서 원하는 색을 찾아내듯 꼬마 숙녀의 성향도 아내가 들여다볼 것이다. 원시림에서 플래시 켜 들고 치마꼬리 잡은 두 아이를 인도하는 아내, 사랑과 책임감이 그 역할을 잘 수행해 내는 힘이 되리라.

귀갓길이다. 산밑 마을이 어둠에 잠겨 있다. 산이 어깨동무하고 있는 하늘에 유난히 별이 많다. 국자 모양 별자리 근처에 북극성이 보인다. 길 잃은 사람에게 나침반이 되어주는 별이다. 아내도 함께 바라본다.

나는 남편의 긴 생각을 가만히 읽어내린다. 북극성 옆에 별 하나가 어슴푸레하다. '별은 스스로를 태워 빛을 낸다지. 저건 오래 자신을 태운 나이 든 별이구나.' 내 별 옆에 어린 별 두 개를 그려 넣는다. 반짝반짝 빛난다.

뒷배

 방앗간 소음 우르릉대던 곳이 아니었다. 공간 이동을 한 것처럼 고요했다. 몸이 일렁대는 느낌이 낯설었다. 눈앞으로 부러진 나뭇가지 같은 게 둥둥 떠갔고, 돌멩이며 바위가 이끼옷을 입고 바닥에 앉아 있었다. 햇볕이 물속까지 뻗어 내린 자리엔 볕 기둥이 생겼다. 빛을 잡아채려 버둥거렸다. 그때 풍덩, 내리꽂힌 존재가 다급하게 손을 잡아당겼다. 마당에서 놀던 내가 하천 쪽으로 내려서자 바로 따라붙은 어머니였다. 아직도 선명한 여섯 살 때의 기억이다.

 어린 딸을 구명한 어머니가 그 딸의 미래가 걸린 한판 씨름에도 팔을 걷어붙였다.

 "시집가면 밥하고, 빨래하고, 자식이나 키우면 되니 지지바는 중학교만 나와도 돼."

고교 진학 얘기가 나오자 아버지가 미리 결정하신 듯 툭 내뱉었다. 요새 중졸인 사람이 어디 있냐고 내가 반발했다. 그러자 이종사촌과 외사촌 얘기를 꺼냈다. 아들로 태어나지 못한 원망을 품고 공장에 취업하던 언니들 모습이 눈에 선했다. 소리 없이 차오른 눈물이 볼을 타고 흘렀다.

"걱정하지 마. 뭐든 해서 원하는 공부 내가 끝까지 시켜줄 거야."

보수적이고 고집불통인데다 다혈질인 아버지 앞에서 말을 아끼던 어머니였다. 그런데 이번엔 달랐다. 외조부가 무학無學의 한을 안겨주었기에 배움 문제엔 강경했다. 딸 아들 차별 없이 교육시키겠다는 평소 소신을 확인시켜 줬다.

'손끝 야무진 대성세탁소 새댁'이라 소문난 어머니였다. 일감을 더 받기 시작했다. 단칸방에서 30촉짜리 알전등을 이마까지 내리고 짜깁기를 밤새 하는 날이 많아졌다. 이모가 보내온 생감을 씹으며 졸음을 쫓고, 앉은 채 쪽잠을 잤다. 나의 철없던 마음이 움직였다.

성적을 상위권으로 끌어올렸다. 공립인 안동여고는 비평준화 학교라서 나름 공부 좀 한다는 애들이 모였다. 나는 이 학교 교복을 입고픈 꿈을 이루었고, 내 삶은 추진력을 얻었다.

서로 손을 꼭 잡고 있다. 두 사람은 부녀 사이 같다. 두건 쓰고 지팡이를 싶은 남자는 다감하면서 온화한 느낌을 준다. 붉은 저고리 차림의 여자아이에게선 곁사람에 대한 신뢰가 보인다. 응석도 들어 있다. 고개를 젖혀 새를 손짓하며 "나도 저렇게 높이 날 수 있을까요?" 하는 아이의 물음에, "넌 이미 날개를 달고 있단다." 이런 응원을 해주는 듯하다.

〈앙간비금도仰看飛禽圖〉다. 당시의 사대부들은 여자아이를 그림에 그려 넣지 않았는데 허난설헌이 불문율을 깼다. 그것도 난설헌 자신처럼 보이는 아이를 화폭에 등장시킬 만큼 당찼다.

아버지 허엽은 조선이란 봉건사회에서 딸에게 배움의 기회를 줬다. 오빠 허봉도 재능 있는 누이가 나래를 펼 수 있게 힘을 보탰다. 그가 이달을 스승으로 소개했다. 시를 잘 써서 이름나긴 했지만 양반들이 꺼리는 서자 신분이었다. 허봉은 이달이 동생을 더 빛나게 해 줄 존재임을 알아본 거였다. 허씨 집안이 가진 개방성과 진보성이 난설헌의 재능을 더욱 꽃피게 했다.

어느 순간, 붉은 저고리의 소녀가 부친 손을 놓쳤다. 불운이 승해졌다. 난설헌이 살던 16세기엔 남귀여가혼男歸女家婚이 성행했다. 신랑이 신부집에서 혼례를 치르고 거기 살다가 자녀 성장 후 본가로 돌아가는 풍습이다. 15세 때 김성립과 혼인한 허초희에겐 친정살이의 기회가 주어지지 않았다. 세종이 친영제 시행을 검토하며 양반가가 모범을 보이도록 했고, 그 엄명에 희생된 셈이다. 그녀는 곧장 시집살이를 했다.

시댁 사람들은 그녀의 시적 재능과 총명함이 탐탁지 않았다. 남편 김성립도 자신보다 뛰어난 아내에게 굴욕감을 느껴 밖으로 나돌았다. 자신을 지지해주고 격려해 줄 이가 아무도 없었다. 그나마 버팀목으로 삼았던 두 자녀까지 돌림병으로 죽자 그녀의 삶도 시들었다. 난설헌은 「몽유광상산시夢遊廣桑山詩」에 이렇게 썼다.

연꽃 스물일곱 송이 붉게 떨어지니　芙蓉三九朶
달빛 서리 위에서 차갑기만 해라　　紅墮月霜寒

죽음을 예견한 거였다.

강릉 여행길에 난설헌 생가에 들렀다. 평일이라 방문객이 뜸했다. 사랑채 쪽마루에서 해바라기를 했다. 난설헌이 일찌감치 잃어버린 걸 나는 아직도 지니고 있다는 의미에서 행운아란 사실을 망각하고 지냈다. "내가 준 것은 잊어버리고, 받은 것은 기억하라."던 어딘가서 읽은 글귀가 나를 부끄럽게 했다. 그때 포르르 날아온 새 한 마리가 나뭇가지에 앉았다. 〈앙간비금도仰看飛禽圖〉가 스쳐 갔다. 코끝이 찡했다. 난설헌이 아버지를 일찍 여의지 않았다면 시댁 식구들의 냉대도, 성숙하지 못했던 남편과의 삶도 버텨낼 의지가 생겨났을 거라는 안타까움이 마음을 쓸고 갔다.

강릉에서 안동으로 출발한다. 친정에 들렀다가 울산으로 귀가할 참이다. 벌써 육십갑자를 돌아 나온 나이지만 자랑거리가 없는 딸. 그런데도 어머니는 침침한 눈을 비벼가며 내 글을 읽고 뿌듯해하신다. 구부러진 못 같은 육신의 당신이 어떤 뒷배였는지를 확인시켜 드리고 싶은데 나는 아직도 발돋음하지 못한다. 올해 마지막 달력을 넘기면 구십 세가 되실 노모. 시간이 넉넉지 않다 싶어 초조하다.

마루

아직 5월인데 30도를 웃도는 날씨가 이어진다. 에어컨 켜기엔 좀 이른 것 같아 선풍기에 기댄다. 미지근한 바람이 투덜투덜 흘러나온다. 혹시 거실이 시원할까 싶어 나가서 등을 대고 눕는다. 합판 위에 얇게 나무 무늬목을 씌워 끼운 형태의 마루는 몸이 기억하는 느낌과 다르다. 나는 벌떡 일어나 자동차 키를 챙긴다. 벌써 몇 번 가 본 곳, 평일엔 방문객이 거의 없다는 기억을 되짚으며 집을 나선다.

자동차로 한 시간 반 거리의 경주시 안강읍 옥산리로 향한다. 조선 중종 때 학자 이언적이 벼슬에서 밀려나 자옥산 골짜기에 은거하던 독락당, 그 '홀로 즐기는 집' 정자가 목적지다.

계정溪亭은 관어대라 명명한 자연 암반 위에 기둥을 세워

아슬하게 앉힌 정자다. 누 아래로 자계천이 흐르고 건너편 숲은 한 폭의 산수화다. 이보다 더 마음을 끄는 건 몇백 년 시간이 고인 마루에 방문객이 오를 수 있도록 허락된다는 사실이다. 누에 오르면 걸음이 조심스럽다. 방문객으로서 달리 감사의 마음을 표현할 방법을 알지 못해서다.

짧은 널을 세로로 놓고 긴 널을 가로로 놓아 우물 정#자 모양으로 짠 마루. 시간이 켜켜로 쌓인 만큼 닳아진 목질은 이야기를 품고 있다. 학자로서 잘 나가던 이언적이 나이 40에 정치적으로 시련을 겪으며 들어와 살게 된 곳. 중종 25년 김안로의 등용을 반대하다가 그들 일파의 탄핵을 받아 고향에 내려온 이언적은 패배감과 울분을 누르며 독락당을 완성한다.

다시 등용되기까지 7년의 세월, 서성임이 길어졌다. 서책을 가까이 해봐도 안절부절못할 때 정자 마루는 숨통을 틔게 하는 역할을 했다. 음악처럼 흐르는 물소리와 숲을 건너온 바람 소리가 온화한 낯빛을 돌려주진 않았을까? 지기知己가 찾아오면 한잔 술에 멋진 풍광까지 보태니 넉넉해서 좋았을 것이다. 왕의 부름을 기약 없이 기다리다 쓸쓸히 난간에 기대면 달빛 별빛이 어깨에 내려 다독다독 힘내라 속살거렸을 듯도 하다. 마루에 앉아 상상의 나래를 펼치자 추억 하나가 끼어든다. 큰집 대청마루에 밤마실 온 아낙들의 웃음소리가 귀에 와자해진다.

어린 시절 엄마를 따라 백부댁에 자주 드나들었다. 안동 근교의 시골 마을인 저전은 모시 짜는 아낙이 많다 하여 모시밭이라고도 했다. 한양 조씨들의 집성촌이라 동네 사람 모두가 아재, 아지매, 조카, 형님, 할배, 할매로 서로가 멀고 가까운 혈연관계다.

"아지매요, 저녁은 자셨니껴?"

어둑어둑해지면 짧은 인사말로 기척을 대신하며 아낙들이 일감을 들고 큰집 대청마루에 모였다. 사랑방 주인이 객지로 나간 집인데다 넓은 마루도 갖췄으니 모임 자리로 제격이었다. 낮에는 농사일로, 밤에는 길쌈을 해야 하는 피곤한 나날이지만 함께 모이면 흥이 났다. 무릎 위까지 속바지를 걷고 앉아 삼뚝가지에서 빼낸 삼실을 한 올 한 올 허벅지에 비벼 연결하는 삼 삼기, 올올의 삼을 이어 나갈 때 질탕한 농담이 고명처럼 얹혔다.

땡볕에서 농사일하느라 얼굴이나 손발은 새까맣지만 허벅지 살은 백옥 같은 여인들. 일곱 살 나는 그 대비가 신기해 눈을 떼지 못했다. 하지만 그것도 잠시였다. 자세히 보면 길쌈 작업 때문에 피부에 삼때가 까맣게 앉아 있었다. 굳은살이 생긴 거지만 '때'라는 생각이 스치자 얼른 엄마의 다리로 눈길이 갔다. 까뭇까뭇하면서 가실거리는 피부를 나는 자꾸만 손끝으로 문질렀다.

밤이 깊어 가면 하나둘 자리를 털고 일어났다. 대문 나서기 전까지도 까르르 웃음보 터뜨리며 농담을 주고받던 아낙들의 낯빛은 상기되어 있었다. 낮 동안의 수고로운 시간과 일상의 스트레스를 웃음으로 날려버린 이들은 팔랑팔랑 고샅길을 돌아나갔다. 큰집 대청마루는 그녀들의 일터이기 전에 노동을 유희로 승화시키는 공간이었다.

삶이 버거워 답답증이 느껴질 때면 큰집 대청마루의 풍경들이 떠오르곤 했다. 기억을 더듬어 저전마을에 갔다가 먼발치에서 보고만 왔다. 치매를 앓던 백모가 여러 해 전에 요양병원에서 돌아가시자 더불어 추억을 나눌 사람이 사라졌기 때문이다.

"자네는 무슨 고릿적 얘길 하고 있는가. 집수리를 한다꼬 마루 뜯어낸 지 벌써 스무 해가 넘었네."

며칠 전 안동에서 큰집 오빠를 만나 우연히 듣게 된 대청마루의 안부였다. 잠깐 볼 수 있을까 기대했다가 잃어버린 유물임을 알게 되자 서운했다. 그래서 요즘 난 계정 마루에 마음을 붙이는 중이다. 몸으로 누리고, 느끼는 게 일시적 만족에 지나지 않지만 출입이 허용되는 동안 추억의 그림 한 장 더 하고 싶다.

마루가 소통과 풀어냄의 공간으로 다가오는 건 놓이는 자리 때문이다. 방과 방을 연결하는 가운데 부분에 위치하는 반 개방의 공간. 아무나 들어설 수 없는 방에 비해서는 열려 있고, 낯선 길손이 물 한 모금 청할 때도 잠깐 개방해 주던 마당의 경우보다는 닫혀 있다.

현대인들의 집이라면 거실이 마루에 해당되지만 훨씬 폐쇄적인 게 과거와 다른 점이다. 집집이 도어폰을 두고 아예 문밖에서 입출을 결정해 버리는 세상이다. 삶의 환경이 변하고, 사람도 변하면서 관계의 폭은 가족과 지인에게 한정된다. 심지어 이웃도 문 뒤의 존재일 뿐이다. 이러한 불통의 시대가 마루를 그리워하게 만드는지 모른다.

가을 편지

 한바탕 비가 오려나. 몸이 찌뿌듯하다. 몇 차례 수술 후에도 해소되지 않는 오른쪽 무릎 통증. 불편한 걸음걸이가 골반과 허리까지 뒤틀어 놓았다. 습관처럼 진통제를 입에 털어 넣는다. 나처럼 연식이 오래된 차에 시동을 건다. 녀석에게 가는 날이다.

 이런 날 운전대를 잡으면 생각이 많다. 손자 공부를 좀 더 봐주려면 건강이 받쳐줘야 할 텐데. 참나무 원목 표고버섯 생산량이 줄어 쪼그라든 친정 형편은 어쩌나. 탈장 수술 후 장에 구멍이 생겨 재수술에 들어간 오빠는…. 답답해서 차창을 연다. 가로수와 드잡이하던 바람이 운전석으로 풀썩 들이친다. 뭔가 따라 들어온다. '낙엽새'다. 바스락 가을이 손끝에 만져진다.

220년 전 한 남자의 가을 편지가 가슴에서 물소리로 흐른다. 조선시대 화원 김홍도의 전기를 읽다가 유작 〈추성부도秋聲賦圖〉에 시선이 묶인다. 마치 내게 보내는 편지 같아 죽 읽어 내린다. 중국 구양수가 쓴 산문시 「추성부」를 화제 삼았노라 알려주는 전문이 그림 왼편에 있다.

어느 가을밤 구양수가 괴괴하고 낯선 소리를 듣는다. 오싹함이 느껴져 동자에게 묻는다. "별과 달이 환히 빛날 뿐 사방에 인적은 없고, 소리는 나무 사이에서 납니다."라고 아이가 말한다. 구양수는 그것이 '가을 소리'였음 깨닫는다.

늙고 건강마저 좋지 않았던 김홍도는 이 대목을 화폭에 옮긴다. 그림 가운데 초옥이 있고 늙은 선비가 둥근 창으로 밖을 본다. 동자와 대화 중이다. 아이의 손가락이 왼편 언덕을 가리킨다. 낙엽수들이 옷 벗고 선 데다. 위쪽 하늘엔 달무리진 보름달이 흐릿하다. 그림 오른편에도 메마른 가을 산과 황량한 느낌의 나무가 서 있다. 화면 속은 물기 없는 붓질을 한 듯 생기가 없다. 노년의 비애가 느껴진다.

김홍도는 그림에 천재적 재능이 있었으나 도화서 화원되기가 쉽지 않았다. 무반 출신 중인이었기 때문이다. 하지만 그의 열정은 왕의 어진을 그리는 어용화사로 피어났다. 정조가 세상을 뜰 때까지 곁에서 서른 해 가까이 인물화 기록화는 물론 산수화와 불화, 풍속화 등을 그렸다. 한 시대를 기록하고 표현하는 데 충실했다.

정조라는 얼레실이 끊기자 김홍도란 연은 허망하게 떨어졌다. 그는 여전히 빛나는 화가였지만 사람들의 관심이 비껴갔다. 어린 아들 양기에게, 훈장 선생 댁에 보낼 월사금이 없다는 편지를 써 보낼 때 61세 아비의 심정은 어땠을까. 백우감기심百憂感其心이 화폭에 고스란히 담겼다.

통도사에 있다는 김홍도의 흔적을 찾아 나섰다. 산문 안쪽 아름드리 노송이 춤추듯 구불거리고 푸름이 눈을 씻어주는 무풍한송로舞風寒松路를 찬찬히 살폈다. 성보박물관 쪽으로 접어드니 우측 거석에 그가 있었다. 쿵, 가슴이 요동쳤다.

대마도 지도를 그려오라는 왕명을 받고 부산으로 향하다 화원 김응환과 통도사에 들른 그. 석수장이에게 이름을 새겨 달라고 한 속뜻은 뭐였을까. 위험한 길을 가는 만큼 부처님께 의지하고 싶었을까. '김·홍·도' 이름을 들여다보는데 갈잎나무를 통과한 바람이 휘익~ 불어온다. 낙엽이 바위를 쓸고 간다. 나는 그의 가을 편지에 답신을 남긴다.

'아직도 당신을 기억하는 사람들이 있으니 생의 가을 너무 쓸쓸히 돌아보지는 마시라.'

오토웨이에서 내린다. 아파트 단지가 보인다. 오 년째 오가는 길이다. 코로나19 팬데믹 상황이 되자 유치원도, 학원도 못 가는 손자가 안쓰러웠다. 녀석은 한자에 흥미가 있었다. 독서와 글쓰기도 병행했다. 앎을 꽃피울 때마다 눈빛이 더 초롱초롱해지는 아이. 궁금한 것을 손가락으로 가리키면 할미의 입이 바빠졌다. 내 인생에서 달과 별이 빛나는 가을 한 페이지를 만들어 주는 여정이다. 아이가 원하고 또 내 건강이 따라준다면 몇 해 더 이 길을 오가고 싶다.

딸네 집 문 앞에서 벨을 누른다. 초등학교 4학년 사내아이가 "할미~" 하면서 안긴다. 방금 학원에 다녀와 저녁 먹는 중이란다. 많이 먹으라며 등을 토닥인다. 수저를 놓으면 나한테 두 시간 동안 잡혀 있어야 할 테니….

교재를 펼친다. 으스름 저녁 빛이 묻어오는 시각이다. 창밖에서 풀벌레 소리 끊일 듯 이어진다. 나는 〈추성부도〉의 여백을 채운다.

· 해설 ·

끝없는 질문과 자기 성찰의 시간
조미순의 수필을 말하다

배혜숙 (수필가)

1

자 마지막으로 말하노라
자연에는 알맹이도 쭉정이도 없다
다만 그대가 알맹이인지 쭉정이인지
늘 성찰해야 한다

괴테는 시 「최후통첩」에서 어떤 경우든 자신을 들여다보라고 최후통첩을 날린다. 마지막이라니 가파른 벼랑 끝에 몰린 것인가. 그런 느낌은 아니다. 당신의 마음을 들여다보라는 따뜻한 위로가 담겨 있다. 우리는 급변하는 인공지능 시대를 살고 있다. 세상의 가치관이 바뀌고 새로운 문명이 도래해도 그 중심에는 '인간'이 있다. 수필은 인간 중심의 문학이다. 알맹이로 살아가기 위해, 알맹이가 있는 글을 쓰려면 말간 거울에 자신을 비춰 보라는 뜻이다.

수필은 끝없는 질문과 자기 성찰의 바탕 위에 인간의 진실이 스며 있어야 폭넓은 공감을 이끌어낸다. 조미순은 이런 물음에 대한 응답을 찾으려 노력을 기울인다. 파닥파닥 생명력 넘치는 수필 한 편을 완성하기 위해 가슴앓이를 한다. 동서양 고전을 읽는 것은 물론 수시로 길을 떠나 낯선 곳을 헤맨다. 몸소 체득하고 경계 없는 사유로 끊임없이 자신에게 질문을 던진다. 최후통첩에 대한 답을 찾아가는 여정이 오롯이 이 수필집에 담겼다.

방어진 슬도에 서면 매창이 떠오른다. 섬 이름에 든 '거문고 슬瑟'자가 부안에서의 기억들을 불러낸다. 석공조개의 일종인 돌맛조개가 수백만 년 동안 바위에 120만 개의 구멍을 뚫었다는 섬. 여기에 파도와 갯바람이 부딪치면 거문고 소리가 난다는 낭만적 해설이 마음을 흔든다. 자연이 내는 거문고 소리가 궁금해 곰보가 된 섬을 찾곤 하지만 내 귀는 늘 먹통이다. 지금 비바람이 드잡이를 해대는데 거문고 소리는커녕 소란한 침묵만 이어질 뿐이다. 혹여 마음으로 들어야 한다면 아직 준비되지 않은 모양이다.

―「슬도에 들다」중에서

 분신처럼 아꼈던 거문고와 함께 묻어달라는 유언을 남긴 매창이다. 매창이 묻힌 안식처를 작가는 거문고 슬瑟 자를 붙여 슬도라 명명한다. 먼 길을 달려가 매창의 무덤 앞에 한잔 술을 올린다. '말하는 꽃'으로 살아야 했던 여인이지만 예술적 재능이 충만한 조선의 기녀는 자기만의 방을 꾸며 힘찬 날갯짓을 한다. 풍류를 즐기고 시를 사랑하는 부안 사람들은 모두 그녀를 추모하고 작품을 모아 시집도 묶어낸다. 그런 매창이 부러운 작가도 자신만의 방을 만들기 위해 고군분투한다. 거문고 소리를 찾아 나선다. 슬도명파瑟島鳴波를 제대로 듣는 귀를 얻게 되면 좋은 글을 쏟아낼 수 있을까 하여 비바람 몰아치는 날 방어진 슬도로 간다. 그곳에서 작가의 의식은 가시적인 대상을 넘어 비가시적인 존재들을 심안으로 볼 수 있음을 증명해 보인다.

조미순은 자신을 담금질하기 위해 문향이 짙게 밴 곳을 찾아 길 위에 서는 날이 많다. 시공을 뛰어넘어 역사 속 인물들과 조우한다. 매월당 김시습을 찾아 무량사에 여러 번 걸음한다. 허균과 허난설헌의 흔적을 따라가 발자국도 남긴다. 조선의 문인 김득신을 만나러 충북 괴산 억만재億萬齋에 닿는다. 『사기』 「백이열전伯夷列傳」을 억만 번 읽었다는 김득신의 독서 열정을 따라가고 싶어서다. 그녀의 책 읽기는 일상이 된 지 오래고 폭도 넓다. 독서로 깊이 천착해 마음 근육을 키운 탓에 천재 문인들을 만나 그 무덤 앞에 권주勸酒도 자연스럽다.

후원으로 내려선다. 큰사랑채로 통하는 협문 옆 담에 야구공만 한 구멍 세 개가 이채롭다. 안이 Y자로 뚫려 반대편 시야가 여섯 개로 나눠진다. 대청과 쪽마루, 마당, 화단이 그 안에 담긴다. 문득, 안채 담에 구멍창을 내도록 허한 남자의 속내가 궁금해진다. 풍습에 얽매인 양반가 여인들의 일상이 안쓰러웠을까. 아니면 만석꾼의 여유였을까. 이유가 뭐든 선물이다. 여분의 '눈'이 주어진다는 건. 사랑채를 들락거리는 남자들이 어떻게 시간을 보내는지, 예비 사위가 온다는데 풍채가 어떤지를 구멍창이 전언한다. 아침부터 까치가 울어대니 친정 소식을 들을 수 있으려나 서성이게 되고, 어쩌다 사돈댁에 다니러 온 친정아비의 뒤태라도 본 날이면 "아버지!" 소리가 입 밖으로 나오지 못하고 눈물로 연출되는 곳. '눈' 앞에서 고화古畵를 보다 마음이 젖는다.

―「고화古畵」중에서

조미순의 글을 지탱하고 있는 큰 버팀목은 선비정신이다. 스스로를 반성할 줄 알고 다른 이의 좋은 점을 찾아 본받으려 애쓴다. 조선 인조 때의 문인 신흠의 「선비정신」이란 고전 수필에는 "선비는 배움을 돈독하게 하고, 예절을 밝히며 의롭게 행동한다. 뿐만 아니라 선비는 성품이 고결하며, 탐욕이 없고 부끄러움을 아는 사람이다."라고 자세히 표현해 놓았다.

작가는 정기적인 고택 체험을 한다. 템플스테이를 통해 불교문화를 체험하고 몸과 마음을 정화시킨다. 그런 일련의 과정을 거치면서 탁마의 시간이 자연스럽게 글 속에 녹아든다.

140여 년의 세월이 고인 송소고택 안채에서 하룻밤 묵는다. 안채 담에 Y자로 뚫린 세 개의 구멍창을 발견한다. 야구공만 한 창을 풍습에 얽매인 양반가 여인들에게 주어진 여분의 눈으로 간주한다. 여분의 눈을 통해 작가는 명암이 교차하는 조선의 양반댁 풍경을 그려낸다. 자기 성찰이 없다면 저마다의 시간을 살고 있는 사람들의 이야기를 시각적으로 표현할 수 없다. 작가에게도 그런 여분의 눈이 주어졌기에 고화古畵를 눈붓으로 세세히 그려낼 수 있다.

2

가족 해체의 시대를 살고 있다. 공동체의 기능은 약해지고 개별화가 뚜렷하다. 너와 다른 특별한 나로 살고 싶어 한다. 가치관의 변화와 세대 간 문화 차이로 인해 가족이란 든든한 울타리가 사라지고 없다. 사람들은 빈 들판에 선 나목처럼 바람에 흔들리며 점점 외롭고 고독하게 살고 있다. 그러나 조미순의 화두는 가족애다. 가족은 나를 중심으로 이루어진 소우주이며 사회를 지탱하는 기본이다. 문학 안에서 인간의 가치와 가족 사랑이 무엇인지를 보여주기 위해 몸을 아끼지 않는다. 사랑과 신뢰로 결속된 가족은 존재의 근원에 대한 그리움이기에 작가는 온전히 그 안에서 살아 숨 쉰다.

손주들과 내가 해온 몸 놀이는 곤지곤지나, 아가의 작은 입에 살짝 손바닥을 댔다가 떼면서 "아~아~아~" 소리를 내라고 하는 동작, 그리고 손바닥에 아기를 세운 채 섬마섬마 하면서 반대편의 손을 빼는 균형 잡기 놀이다. 부모 세대에게서 배운 것들을 무심히 답습해 왔다. 그러다 최근에 단동십훈檀童十訓이라는, 단군시대부터 구전되어 온 우리 전통 육아법이 있다는 걸 알게 되었다. 나도 모르게 그걸 해오고 있었다는 사실이 신기했다. 아이들이 위험한 행동을 할 때 어비어비라 제지하는 말도 단순한 몸짓 언어가 아니었음도 확인했다.

도리도리道理道理, 곤지곤지坤地坤地, 어비어비業非業非를 살펴본다. 도리에 맞게 살고, 음양의 조화를 이루며 덕을 쌓고, 이치에 맞지 않는 행동을 삼가라 하는 등의 가르침이 들어 있다. 십훈十訓 하나하나가 알지만 몰랐던 것들이라 새롭고, 조상들의 지혜와 사랑이 돋보여 숙연해졌다.

—「몸난감」 중에서

 조미순은 장난감 대신에 온몸으로 함께 놀아주는 행위를 '몸난감'이라 이름 짓는다. 즉 몸짓 언어라고 표현한다. 손주와 놀아주는 일을 그저 놀이로 생각하지 않고 우리나라 전통 육아법인 단동십훈까지 소환하는 지혜가 놀랍다. 단군시대부터 입에서 입으로 전해온 전통 육아법을 AI 시대를 살고 있는 손주들에게 몸난감이 되어 직접 보여준다. 단순한 몸짓이 아닌 조상들의 가르침을 작가만의 시선으로 풀어내고 있다.

 "질라비 훨훨의疾羅腓 活活議 어떤 질병도 오지 않고 활기차게 살라고 나는 진심으로 빌고 또 빈다."

 이 글의 결미다. 단동십훈의 마지막 놀이를 하며 손주의 안녕을 간절하게 염원한다. 작가의 진심이 가득 담긴 가족 사랑, 이보다 더 구체적인 진술은 없다.

표고목은 5, 6년 버섯을 따내면 노목이 된다. 목질이 단단하고 질겨 쉬 썩지 않는 참나무지만 제 속을 다 내준 뒤라 허깨비다. 수피가 허물처럼 벗겨지고, 줄기는 골다공증에 걸린 양 구멍이 숭숭 나 있다. 수명이 다한 참나무는 버섯재배장에서 퇴출되지만 아직 할 일이 남아 있다.

냉골에 웅크리고 누운 아들의 방을 데운다. 표고목이 아궁이에서 활활 탄다. 자신을 소진시킴으로써 '진목眞木'의 시간을 마무리하는 참나무. 비로소 온전히 비워진다. 그 앞에 버석해진 어머니가 오롯이 앉아 있다.

—「표고목의 시간」 중에서

인간은 나약한 존재다. 자기의 모든 열정을 바칠 것을 찾아 나서지만 순간적으로 잘못된 판단을 하는 경우도 허다하다. 그것을 만회하지 못하면 절망에 빠지거나 두려움에 휩싸여 회복이 어려운 순간에 이르게 된다. 동생이 이런 비극적인 일에 휘말려 평생 어머니의 아픈 손가락으로 남는다. 어머니는 아들의 표고목으로 남아야 하기에 그 의지로 무거운 병을 이겨낸다. 작가는 그 어머니의 표고목이 되기 위해 버석해진 몸을 끌고 동분서주한다.

버섯 농장의 참나무는 수명이 다하면 허깨비가 되어 버섯재배장에서 퇴출된다. 나른 사람의 밑불이 되어주던 단단한 사람도 마찬가지다. 그러나 온전히 자신을 소진시킴으로써 진목의 시간을 마무리한다. 조미순도 가족을 위한 표고목의 시간을 살고 있다. 자신이 그지없이 가벼워짐으로써 독자의 공감을 이끌어내는 글이다.

3

조미순은 몸이 망가져 걸음도 불편하다. 연이어 수술대에 오르는 일이 잦다. 제대로 된 진단과 치료가 없어 전국의 명의를 찾아 나서지만 진정한 명의는 어디에도 없다. 통증 없이 하루를 살아내기가 어렵다. 건강 찾기는 시시포스의 돌을 옮기는 것만큼 요원한 일이 되어 가고 있다. 놀라운 것은 그 상태에서 쉼 없이 읽고 쓴다. 그것도 함부로 쓰지 않는다. 글에 대한 책임감이 강한 탓에 진실 탐구를 위해 비워내기를 거듭한다. 이것은 독자를 만나는 작가만의 신성한 의식이다.

    누구나 거부하고 싶어 하는 그것을 나는 오십 대에 마주했다. 처음엔 뜸하더니 예순 고개 넘으니 부쩍 일상을 흔든다. 여러 차례 수술대에 누웠다. 이번엔 허리신경차단술을 예약했다. 큰 수술이 아님에도 수술동의서에 체크하며 사망이란 단어 앞에서 멈칫댔다. '그의 외출'을 잊지 못한 까닭이었다.

—「외출」중에서

    불면의 밤조차도 즐길 수 있는 내 집에서라면 전등을 낮같이 밝히고 책장 앞에 설 것이다. 욕심스럽게 사놓은 도서 중 얄팍한 것을 골라 단숨에 읽어내리라. 그리고 컴퓨터를 켤 것이다. 글의 퇴고 작업은 집중력을 요하는 만큼 시간의 징검돌을 건너뛰기가 쉽다. 글과 씨름하다 여명이 나래를 펴면 거실로 나가리라. 무지근해진 목과 어깨를 풀어주면서 고개를 한껏 젖혀 하늘을 볼 것이다. 새벽하늘을 수놓는 떼까마귀의 군무, 시시때때 모양을 바꾸는 수묵화 연작을 보는 듯한 재미가 쏠쏠하리라. 그렇게 눈을 씻다가 나른한 몸을 소파에 기대면 어느 순간 까무룩 멍석잠에 빠져들지도 모른다.

—「귀가」 중에서

위 두 작품은 수술대에 눕는 일이 잦아진 작가의 심정을 극명하게 보여준다. 「외출」에서는 '갔다 올게'라고 약속을 한다. 하지만 수술을 기다리는 동안 죽음을 준비하고 자신의 소유물을 줄여나갈 다짐을 한다. 모든 외출이 다시 돌아와 내 집에 안착한다는 보장이 없기 때문이다.

「귀가」는 여러 번의 수술로 몸이 망가진 작가가 간절히 돌아가고 싶은 곳은 내 집이다. 무릎 관절경 수술을 받고 입원한 5인 병실이 불편하다. 매일 불면의 밤이 계속된다. 통증에 전측반측하며 견디다 보름 만에 목발을 짚고 귀갓길에 오른다. 아픈 몸을 누일 수 있는 곳은 병원이 아니라 내 집이다. 갔다 온다고 했으니 당연히 귀가를 서두른다. 편히 쉬기 위해서가 아니라 책을 단숨에 읽어 내리고 집중력을 요하는 퇴고 작업을 하기 위해서다. 천생 프로 글쟁이다.

4

인간은 누구나 기다림에 길들어 사는 존재다. 조미순의 기다림에 대한 간절한 열망은 제대로 된 수필을 쓰는 일이다. 그래서 진득하게 기다리는 중이다. 쉽게 내 안에 안기지 않을지도 모른다. 명의를 찾는 일만큼 어려울 수도 있다. 그러나 우리 모두는 알고 있다. '큰 바위 얼굴'처럼 그 실체가 존재함을 말이다.

서른 중반, 처음 글을 쓰기 시작했다. 그냥 열심히만 쓰면 되겠거니 낙관했다. 그런데 이론의 바탕 없이 쓰는 글은 한계가 있었다. 문장은 다듬어져도 글이 얕고 신변잡기에서 벗어나지 못했다. 등단 후에도 의미화가 부족하다, 구성이 어설프다, 주제를 끝까지 밀고 가는 힘이 부족하다, 이런 평을 들었다.

「낙화생」이라 쓴 제목을 들여다본다. 나비 모양 노란 꽃의 수정은 '작품 착상', 자방병이 길게 내려가는 건 '작품화 과정', 땅콩은 '완성된 작품'으로 비유해 풀기로 한다. 기본을 다져가니 쓰는 데 한 달씩 걸리지는 않을 것이다. 물론 어느 '글곡'에 복병이 있어 전진을 가로막을지 알 수 없지만 희미하게 드러나는 길을 조심히 내딛는다. 잘 영근 땅콩처럼 야무진 답하나 나를 기다리고 있으면 좋겠다.

―「답」중에서

 조미순은 일찍 등단을 했다. 그러나 오랫동안 반복적인 오류를 범한다. 그것은 기초를 다지는 일에 소홀했기 때문이라고 토로한다. 글쓰기는 산 넘어 산이 되어 아득하게 느껴지고 자신과 점점 멀어지고 있다는 불안감에 휩싸인다. 작가는 태생이 부지런하고 성실하다. 글 쓰는 일은 오직 자신과의 끈질긴 싸움이다. 이 싸움에 질 수는 없다. 자신이 알맹이인지 쭉정이인지 성찰의 시간은 길어지고 답을 찾기 위해 부단한 노력을 기울인다. 누군가의 마음에 가닿기 위해 퇴고를 거듭한다. 수필가에겐 나 자신과 함께 타인을 이해하는 마음의 퇴고도 필요하기 때문이다.

 『글쓰기 연금술』의 저자인 양선규는 "예부터 문학은 읽고 쓰는 공부였습니다. 글공부였습니다. 자기 이야기로 표현되지 않는 것은 하나도 인정받지 못하는 글쓰기 인문학의 경연장이었습니다." 이렇게 쉽고 명쾌하게 문학을 정의한다. 조미순은 문학이 지향하는 '읽고 쓰는 공부'에 가깝게 다가선 셈이다. 그리고 마침내 희미하게 드러나던 길이 선명하게 열린다. 오만하게 버티고 있는 수필이라는 산 앞에 서서 답을 기다리는 작가에게 박수를 보낸다.